전략가는 해외 리츠에 투자한다

일러두기

이 책은 고병기, 전래훈, 유나무, 이경자 4명의 공동저자가 각자의 전문분야에 관한 정확한 정보를 제공하기 위해 내용별, 국가별로 나누어 집필했다.

투자자들이 해외로 눈을 돌리게 된 배경을 설명하는 1부는 고병기 저자가, 상장리츠를 통해 해외 부동산에 투자하는 사례를 소개한 2부는 전래훈 저자가 썼다.
각국 리츠 시장을 소개하는 3부에서는 전래훈 저자가 미국, 유나무 저자가 캐나다, 이경자 저자가 일본, 싱가포르, 호주 파트 집필을 맡아주었다.
나라별 상장리츠를 소개하는 4부에서는 미국과 캐나다 리츠를 유나무, 전래훈 저자가 공동 집필했으며 일본 리츠는 유나무 저자, 싱가포르와 호주 리츠는 고병기 저자가 설명했다.
5부 리츠 시장에 대한 질의응답은 이경자 저자가 쓰고 유나무 저자가 보충했다.

전략가는

저금리 시대를 이기는 성공투자

해외리츠에

투자한다

고병기 · 유나무 · 이경자 · 전래훈 지음

북스톤

|추|천|사|

국내 인구구조에서 큰 비중을 차지하는 '베이비부머 세대'의 은퇴가 가속화되면서 노후대비를 위한 자산관리의 중요성이 더욱 강조되고 있다. 예상과 달리 빠르게 찾아온 국내경제의 경기하강 국면, 그리고 저금리 시대로의 진입은 예금·적금·채권 등 안전자산의 수익률을 하락시켰고, 고령 은퇴자들의 자산관리에도 큰 어려움으로 작용하고 있다. 적절한 투자상품을 통한 자산관리의 중요성이 더욱 커진 이유다. 특히 최근에는 부동산 등 대체투자의 필요성이 대두되면서 소액투자와 환매가 자유로운 리츠가 개인들의 주요 재테크 수단으로 떠오르고 있다.

그렇기에 해외 리츠를 소개하는 이 책은 매우 시의적절하고 의미 있다 할 것이다. 이 책을 통해 국내 투자자들이 미국, 일본, 싱가포르 등 선진 리츠 시장에 대한 이해의 폭을 넓히는 동시에, 국내 및 해외 리츠에 실질적인 투자가 확대되어 우량하고 안정적인 투자수단 중 하나로 자리매김할 수 있기를 기대한다.

– 마스턴투자운용 김대형 대표

|추|천|사|

'저금리, 저성장, 저수익.' 일본의 잃어버린 20년을 압축해 보여주는 키워드지만, 이제 우리나라의 현실이기도 하다. 이런 상황에서 투자자들은 국내보다는 해외로, 주식보다는 대체투자로 눈을 돌려야 한다. 그 대안이 될 수 있는 것이 바로 '글로벌 상장리츠'다. 우리나라에서는 아직 생소한 분야지만, 미국에서는 이미 8000만 명이 퇴직연금계좌를 통해 노후대비용으로 활발히 투자할 정도로 큰 시장이다. 이 책에서는 바로 그 생소한 분야를 아주 쉽고 재미있게 풀어주고 있다. '아는 만큼 보인다'는 말처럼, 이 책을 통해 리츠 투자의 혜안을 얻기 바란다.

– BNK자산운용 이윤학 대표이사

|추|천|사|

저성장·저금리·고령화가 고착화되면서 돈을 버는 것 못지않게 돈을 어떻게 운용하는지가 매우 중요한 시대가 되었다. 한국인들이 가장 선호하는 부동산 투자도 그 방식이 점차 변하는 추세다. 과거에는 수억 원에서 수십억 원을 들여 부동산에 직접 투자하는 게 일반적이었지만 지금은 상황이 다르다. 직접투자에 따른 리스크가 커진 데다, 목돈이 필요한 직접투자가 가능한 사람도 많지 않다. 이런 상황에서 주목받기 시작한 것이 바로 '리츠'다. 리츠를 통한 부동산 투자는 목돈이 없어도 가능하고, 주거 및 상가 외에도 오피스, 호텔, 물류창고 등 투자대상이 다양하다. 이는 투자대상이 매우 한정적인 직접투자에 비해 큰 장점이며, 세금이나 관리, 환금성 측면에서도 직접투자보다 훨씬 조건이 좋다. 실제로 리츠 시장이 성숙한 미국, 호주, 일본, 싱가포르 등에서는 개인들도 재테크 수단으로 적극 활용하고 있다. 이 책은 이러한 해외 선진국들의 리츠를 이해하는 지침서라 할 수 있다. 리츠에 대한 이해도를 높이고 좋은 리츠를 선별하여 투자할 수 있도록 안목을 높이는 기회가 되기를 바란다.

– 이지스자산운용 조갑주 대표

|프|롤|로|그|

리츠와 가까워지고 싶은 이들에게

"○○역 인근 오피스텔 1억 5000만 원에 분양받아 매달 월급처럼 용돈 받으세요."

며칠 전 지하철역 입구에서 마주친 광고다. 거리를 걷다 보면 하루에 한 번은 만나는 익숙한 장면이기도 하다. 저성장과 저금리로 마땅한 투자처를 찾기 어려운 시대라서인지 유난히 눈에 들어온다. 하지만 한편에서는 오피스텔 임대수익률이 계속해서 하락하고 있다는 뉴스가 쏟아진다. KB부동산 통계에 따르면 서울 오피스텔 임대수익률은 2017년 7월 처음으로 5%대가 무너진 후 2019년 10월 4.55%를 기록하는 등 매달 하락을 거듭하고 있다.

필자도 오피스텔 임대사업자들의 어려움을 피부로 느끼곤 한다. 2018년 《리츠로 은퇴월급 만들기》라는 책을 낸 후 한 백화점 문화센터에서 강의를 한 적이 있다. 강의를 들으러 온 사람들 중 용인에서 오피스텔 임대를 하고 있는 50대 중반 여성이 한 분 계셨는데, 월세 세입자를 찾을 수 없어 5년 만에 처음으로 전세를 놓게 됐다고 한숨을 내쉬었다. 1~2년마다 새 임차인을 찾는 것도 여간 힘든 일이 아닐뿐더러, 집 구하는 사람이 겨우 집을 보러 와도 기존 임차인이 문을 잘 열어주지 않아 애를 먹는다고 했다. 은퇴

후 편안하게 임대수익으로 생활하기 위해 오피스텔에 투자한 건데, 기대와는 달리 임차인 구하고 오피스텔 관리하느라 마음 편한 날이 없다는 것이다. 그러던 중 오피스텔과 비슷한 리츠라는 상품이 있다기에 강의를 들으러 왔다고 했다.

실제로 필자는 노후대비로 오피스텔 투자를 고려하는 분들에게 리츠에 관심을 가져보라고 권하곤 한다. 앞선 사례에서 볼 수 있듯, 오피스텔 수익률이 계속해서 하락하고 있는 데다 관리와 유지 등이 번거로워 여유로운 노후를 누리지 못할 수 있기 때문이다.

리츠 시장이 활성화되고 있다는 점도 긍정적이다. 투자 기회도 많아질 것으로 보인다. 2018년 7월에 상장한 '이리츠코크렙'과 같은 해 8월에 상장한 '신한알파리츠'가 꾸준히 좋은 성과를 보이면서 리츠에 대한 투자자들의 생각도 달라지고 있다. 필자 주변에도 이리츠코크렙이나 신한알파리츠 투자 기회를 놓쳤다며 아쉬워하는 사람들이 부쩍 늘었다. 2019년 10월 14일 기준 이리츠코크렙은 공모가 대비 약 40%, 신한알파리츠는 60%나 올랐다. 최근 공모주 청약을 실시한 롯데리츠는 무려 4조 7000억 원의 자금이 몰려 63.28대 1의 경쟁률을 기록하는 돌풍을 일으켰으며, 상장하자마자 상한가를 찍었다. 리츠처럼 안정적인 배당을 주는 투자 상품에 대한 투자자들의 갈증이 어느 정도인지 가늠할 수 있다.

다만 아직까지 국내 리츠 시장은 투자대상이 많지 않은 것도 사실이다. 이 책에서 해외 리츠를 소개하는 이유이기도 하다. 국내에서는 주식시장 부진과 부동산 시장 규제로 마땅한 투자처를 찾기가 갈수록 어려워지는 반면, 글로벌 시장으로 눈을 돌리면 훨씬 다양한 선택지가 존재한다. 미국에는 200개가 넘는 리츠가 상장되어 있고 일본, 싱가포르, 호주 등의 리츠 시장도 우리와는 비교할 수 없을 정도로 크다. 그러므로 리츠처럼 안정적인 배당을 주는 상품에 관심이 큰 투자자라면 해외시장으로도 눈을 돌려봐야 한다.

물론 해외 리츠가 유망하다고 하여 무턱대고 뛰어들 수는 없다. 해외 리츠에 투자하기 위해서는 해당 시장의 특징과 성장과정 등을 이해해야 한다. 필자를 포함한 4명의 저자들은 해외 리츠 투자에 관심을 가진 이들에게 도움이 되길 바라는 마음으로 이 책을 썼다. 이 책의 목적은 해외 리츠 종목 추천이 아니다. 투자자들이 해외 리츠에 보다 수월하게 접근할 수 있도록 돕고자 하는 데 있다.

독자들에게 두 가지 꼭 당부하고 싶은 것이 있다. 우선 해외 리츠 투자의 어려움을 충분히 이해하고 접근해달라는 것이다. 리츠 투자는 기본적으로 다른 상장 종목보다 수월한 측면이 있기는 하다. 기초자산의 임대수익을 바탕으로 배당하는 상품이라 일반 기업에 투자하는 것보다는 고려해야 할 사항이 적다. 다만 리츠가 투자하는 기초자산을 쉽게 접할 수 있는 국내와 달리, 해외 리츠가 편입한 자산을 일반 개인투자자들이 분석하기란 쉽지 않다. 아울러 최근 전 세계 산업과 인구구조 변화 등으로 인해 리츠의 기초자산인 오피스, 리테일, 물류센터, 주거, 호텔 시장도 크게 요동치고 있다. 그 과정에서 전통적인 우량 리츠가 무너지고 새로운 리츠가 부상하는 모습도 자주 보인다. 이 책에서 소개하는 리츠 중에서도 지금은 좋은 성과를 내고 있지만 미래에 자산가치 하락으로 어려움을 겪는 리츠가 나올 수 있다.

물론 변화가 급격한 시기이기에 리츠가 유리한 점이 있다. 부동산 투자는 유동화가 어렵다는 단점이 있지만 리츠는 상장되어 있어 유동화가 쉽기 때문이다. 따라서 리츠는 산업과 시장의 변화에 따라 포토폴리오를 재조정하기가 수월하다. 다만 그럼에도 일반 개인이 해외 리츠를 사는 건 손쉬울지 몰라도 정보를 충분히 파악하기는 어렵다는 사실에 변함은 없다. 이를 고려해 다양한 해외 리츠에 분산투자하거나 전문가들의 도움을 받는 것도 염두에 두어야 한다. 특히 지금처럼 변화가 빠른 시대에는 더욱 그렇다.

또한 리츠라는 주식의 성격에 맞게 장기적인 투자전략을 세워야 한다. 최근 국민연금을 비롯한 연기금이나 공제회, 보험사와 같은 기관투자자들도 상장리츠 투자에 큰 관심을 보이고 있다. 하지만 아직까지 리츠 주식을 대체투자부문에서 맡아야 하는지 주식투자부문에서 담당해야 하는지 교통정리가 되지 않은 것도 사실이다. 필자는 리츠의 성격을 고려할 때 대체투자부문에서 투자하는 것이 맞다고 생각한다. 주식투자는 매일매일 성과를 평가받는 데 반해 부동산 평가는 많아야 1년에 한 번 정도이기 때문이다. 평가 기간이 무슨 영향을 미친다는 걸까? 상장리츠도 주식이기 때문에 부동산의 본래 가치에 비해 주가가 과도하게 움직이기도 한다. 그렇기에 주식투자로 접근하다 보면 리츠 투자의 순기능을 제대로 누리지 못할 가능성이 크다. 리츠는 우량자산에 장기투자해 배당수익을 꾸준히 올릴 수 있는 점이 장점이지만, 매일매일 주가가 얼마인지만 신경 쓰다 보면 이런 장점을 충분히 보지 못할 우려가 크다는 이야기다.

실제로 투자자들이 리츠 주가에 일희일비하는 모습을 많이 본다. 충분히 이해한다. 그간 부동산 직접투자를 선호했던 한국인들에게 리츠는 아직 낯선 상품이기 때문이다. 그렇다고 주식처럼 접근하면 앞서 말했듯 리츠의 장점을 활용하기 힘들 수 있다. 따라서 우리에게 익숙하지 않은 새로운 상품인 리츠의 개념을 정립하고 나서 접근하는 것이 좋다.

끝으로, 책이 나오기까지 함께 고생한 분들에게 감사를 전하고 싶다. 우선 필자의 제안에 흔쾌히 응해준 공동 저자들께 감사드린다. 이경자 삼성증권 리서치센터 대체투자 애널리스트, 유나무 마스턴투자운용 해외투자운용본부 투자운용1팀장, 전래훈 KB증권 글로벌BK솔루션 해외주식컨설팅팀장 등 우리나라 최고의 해외리츠 전문가·전략가들이 함께하지 않았다면 이 책은 세상에 나오지 못했을 것이다. 집필 과정에서 조언을 아끼지 않은 부동산 금융

업계 관계자들께도 감사드린다. 또한 이 책을 더욱 돋보이게 만들어준 북스톤 출판사에도 인사를 전하고 싶다. 개인적으로는 이번 작업을 통해 한 단계 성장한 것 같아 각별히 고마운 마음이다. 마지막으로, 늘 든든한 힘이 되어주는 아내 경현이와 매일 큰 기쁨을 선사해주는 아들 윤우에게도 고맙고 사랑한다는 말을 전한다.

2019년 가을이 깊어가는 10월, 서울에서

고병기

| 목 | 차 |

해외 부동산으로 눈 돌리는 투자자들

[PART 1]

최근 들어 해외투자에 관심을 보이는 투자자들이 크게 늘었다. 특히 큰손들이 주식이나 채권이 아닌 대체투자에서 돌파구를 찾으면서 해외 부동산 투자가 급증했다. 국민연금, 교직원공제회 등 기관투자자부터 미래에셋, 이지스 등 부동산자산운용사들도 해외 부동산 투자에 앞다퉈 뛰어들고 있다.

그렇다면 개인 투자자들은 어떻게 해야 할까? 해외 대형 부동산에 투자할 수 있는 건 큰손들뿐일까? 아니다. 공모형 부동산 간접투자상품의 가능성이 확인되면서 개인들에게도 소액으로 세계 부동산에 투자할 수 있는 기회가 열리고 있다. 리츠(REITs)가 그 주인공이다. 이제 막 기지개를 켜기 시작한 우리나라 리츠 시장은 그 성장 가능성이 굉장히 크다.

부러운 미국 주식시장

필자는 경제지에서 국제부와 증권부, 부동산부를 거쳐 지금은 산업부 소속으로 한국의 주력산업인 반도체와 디스플레이, 가전 분야를 취재하고 있다. 국제부에 있을 때는 글로벌 주식시장, 그 중에서도 뉴욕 증시의 움직임에 촉각을 곤두세우곤 했다. 매일 아침 출근하자마자 전날 밤 다우존스 지수, 스탠다드앤드푸어스(S&P)500 지수, 나스닥 지수 등 뉴욕 증시 3대 주가지수가 어떻게 움직였는지 살펴보는 게 중요한 일과였다. 야근하는 날이면 밤 10시 30분에 미국 증시가 어떻게 출발하는지 유심히 지켜보곤 했다. 뉴욕 증시는 전 세계 모든 투자자들의 자금이 몰려들뿐더러, 그 상승과 하락이 다른 나라 증시에도 큰 영향을 미친다. 당장 우리나라 주식시장만 하더라도 전날 미국 증시 움직임에 따라 희비가 크게 엇갈리곤 한다.

미국 증시는 혁신기업이 끊임없이 등장하면서 자본시장에 활력을 불어넣는 역동적인 시장이기도 하다. 새로운 산업흐름을 주도하는 애플(1980년 상장), 아마존(1997년 상장), 테슬라(2010년 상장)와 같은 기업들의 주가가 꾸준히 오르는 것을 지켜보자면 미국 자본시장의 힘을 느낄 수 있다. 스티브 잡스가 1976년 실리콘밸리 차고에서 창업한 애플은 1997년에는 주가가 1달러 미만으로 떨어지기도 했으나, 2018년 8월 미국 상장회사로는 처음으로 꿈의 시가총액이라 불리는 1조 달러를 돌파하며 새 역사를 썼다. 아마존도 빼놓을 수 없다. 1997년 5월 15일 미국 증시에 데뷔했을 당시 아마존의 주가는 1주당 18달러였으나, 2019년 9월 30일 현재 주당 1735달러로 20여 년 사이 100배 가까이 올랐으며 시가총액 1조 달러를 눈앞에 두고 있다.[1] 이커머스가 성장하면서 기대감도

---

1 아마존의 2019년 2·4분기 매출액은 634억 달러로 전년 동기 대비 19.9% 증가했다. 영업이익은 30억 달러로 전년 동기 대비 3.4% 늘었다. 미국의 경제전문지 〈포춘〉은 해마다 전년도 매출액을 기준으로 미국 500대 기업 리스트를 발표하는데, 아마존은 2017년 매출액 1780억 달러를 기록하며 8위에 올라 처음으로 매출 상위 10위권 안에 들었다. 2018년에는 매출액 2328억 달러로 전년 대비 30.9% 증가했으나 순위는 13위였다.

아마존보다 높은 순위를 기록한 미국 기업은 월마트, 엑손 모빌, 애플, 버크셔 해서웨이 등이며, 한때 미국을 대표하는 기업이었던 GE, 포드 등은 아마존에 밀렸다.

한국 기업 중에는 삼성전자가 2018년 매출액 2215억 달러로 15위에 올라 가장 높은 순위를 기록했다. 리스트에 포함된 기업은 미국 기업이 121개로 가장 많았고, 중국이 119개로 2위였다. 한국은 삼성전자를 포함해 SK홀딩스·현대차·POSCO·LG전자·한국전력·기아차·한화·SK하이닉스·GS칼텍스·현대모비스·삼성생명·KB금융지주·삼성물산·CJ·LG화학 등 16개 기업이 이름을 올렸다. 미국과 달리 전통적인 대기업들이 높은 순위를 차지하고 있다.

더욱 높아진 상황이다(반면 한국을 대표하는 유통회사인 이마트는 2019년 2·4분기에 사상 처음으로 적자를 기록하면서 주가도 사상 최저치로 추락했다).

2012년에는 페이스북이, 2013년에는 트위터가 많은 사람들의 주목을 받으며 뉴욕 증시에 상장하는 모습도 지켜봤다. 페이스북, 트위터는 미국 기업이지만 한국에도 사용자가 많고 필자 역시 즐겨 쓰는 서비스라는 점에서 특히 관심이 갔다.

국제부를 떠난 후에도 미국 주식시장에 관심을 놓을 수 없었다. 미국 증시에는 매년 혁신기업들이 데뷔하면서 새바람을 일으키기 때문이다. 2014년에는 알리바바가 나스닥에 상장했으며 2019년에는 우버가 등장하는 등 매년 이목을 끄는 대형 기대주들이 증시를 뜨겁게 달궜다. 유망주가 끊임없이 나타나 꿈과 희망을 불어넣는 미국 증시를 두고 사람들은 주당배당금(DPS)의 뜻이 'Dividend Per Share'가 아니라 'Dream Per Share'라고 이야기하기도 한다.

미국 증시에는 이처럼 새로운 기업들이 매년 수천 개씩 상장된다. 자본시장연구원에 따르면 1980년부터 2016년까지 미국의 연평균 상장기업 수는 5873개로, 같은 기간 미국 상장기업의 평균 시가총액은 2억 6000만 달러에서 63억 달러로 24배 성장했다.

꿈이 사라진 한국 주식시장

국제부 다음에 근무했던 부서는 증권부다. 국제부에서 미국 자본시장의 힘을 생생하게 목격했기에 우리나라 주식시장에도 기대가 컸다. 하지만 기대가 실망과 안타까움으로 바뀌는 데는 그리 오래 걸리지 않았다. 꿈을 먹고 자라는 미국 시장과 달리 한국 주식시장은 새로운 성장동력을 찾지 못해 꿈이 사라진 곳이었기 때문이다. 코스피와 코스닥 지수는 수년째 박스권에서 벗어나지 못하고 있다. 매년 해가 바뀔 때마다 올해야말로 코스피 지수 3000시대를 열 것이라는 희망 섞인 기대와 전망이 나왔지만 한 번도 그 선을 넘지 못했고, 2019년을 마무리하는 시점에도 여전히 2000선을 오르락내리락 하는 중이다. 코스닥 지수도 사정은 마찬가지라, 마의 벽 1000을 돌파한 적이 없다.

상황이 이렇다 보니, 증권부에 있었을 때는 연초만 되면 자본시장 전문가들과 함께 증시 활성화 방안을 고민하는 게 일이었다. 하지만 우리나라에서는 미국과 달리 증시에 활력을 불어넣는 신규 상장기업도 턱없이 부족하다. 매년 유가증권시장과 코스닥을 합쳐 100여 기업이 신규상장을 하는데도 성장의 조짐보다는 정체된 느낌이 강하다. 실제로 거래소에 따르면 신규상장기업 수는 지난 2015년 118개까지 늘었으나 2016년 80개, 2017년 82개, 2018년 97개로 제자리걸음이다. 2018년 신규상장사의 기업공개(IPO) 공모액도 2조 7500억 원에 그쳐 전년(7조 9700억 원) 대비 3분의 1로 줄었다. 2014년 이후 5년 만에 최저치를 기록한 것이다. 신규기업의 면면을 살펴봐도 기대감은 크지 않다. 2018년 한때는 남북관계 개선에 따른 경제효과에 관심이 쏠리면서 조지 소로스, 워런 버핏과 함께 세계 3대 투자자로 꼽히는 짐 로저스[1]가 통일 한국을 기회의 땅이라고 언급해 잠시 증시에 훈풍이 불기도 했으나 오래 가지 못했다.

상황이 이렇다 보니 주식시장의 돈이 계속해서 빠져나가고 있다. 한때 국민 재테크 수단으로 각광받았던 주식형 펀드도 통 고개를 못 든다. 국내 증시 부진이 계속되면서 펀드 수익률이 신통치 않기 때문이다. 금융투자협회에 따르면 2018년 말 기준 주식형

---

1 로저스는 금강산에 리조트와 골프장을 운영하는 '아난티'의 사외이사를 맡고 있다.

펀드 설정액은 85조 1830억 원을 기록해, 돈이 가장 많이 몰렸던 때와 비교해 약 40% 가까운 자금이 빠져나갔다.

펀드가 국민 재테크 상품으로 각광받기 시작한 것은 1990년대 후반이다. 박현주 미래에셋대우 홍콩 회장, 이익치 전 현대증권 회장 등 스타플레이어들이 등장하면서 주식형 펀드 돌풍을 이끌었다. 증권업계 샐러리맨의 신화로 불리는 박현주 회장은 1997년 미래에셋을 창업한 후 1998년 국내 최초로 개인투자자를 대상으로 한 '박현주 펀드'를 선보인다. 당시 출시한 1호 펀드는 판매 개시 하루 만에, 2·3호 펀드는 이틀 만에 매진되는 등 선풍적인 인기를 끌었다. 또한 1999년 이익치 전 현대증권 회장은 '바이코리아 펀드'를 출시해 5개월 만에 11조 원이 넘는 자금을 모으며 돌풍을 일으켰다. 당시 이 회장은 바이코리아펀드를 판매하면서 '한국경제를 확신합니다'라는 슬로건을 내걸기도 했다. 지금으로서는 상상하기 어려운 일이다.

주식형 펀드 설정액은 2006년 46조 원 수준에서 2007년 116조 원, 2008년 140조 원 규모로 급격하게 불어났다. 이렇게 꾸준히 규모를 키우던 주식형 펀드는 글로벌 금융위기를 기점으로 하락세가 가팔라진다. 리먼브라더스 사태가 닥치면서 자금이 빠져나가기 시작했고, 지금까지 증시 부진이 지속되면서 자금은 계속 이탈하고 있다. 2012년 주식형 펀드 설정액은 94조 원으로 2007년 이후 5년 만에 100조 원 밑으로 떨어졌으며, 현재도 투자자들의 이탈이 계속되는 상황이다. 돈이 빠져나가면서 '공룡 펀드'로 불리는 설정액 1조 원 이상의 주식형 펀드도 하나둘 자취를 감추었다. 금융위기 직전만 해도 1조 원 이상의 주식형 펀드가 20개도 넘었지만, 지금은 2019년 7월 말 기준 1개만 남아 겨우 명맥만 유지

〈주식형 펀드 설정 추이〉

연도	설정액
2005년	26조 1493억 원
2006년	46조 3649억 원
2007년	116조 2106억 원
2008년	140조 763억 원
2009년	126조 832억 원
2010년	100조 9080억 원
2011년	104조 1294억 원
2012년	94조 4315억 원
2013년	85조 3940억 원
2014년	79조 1534억 원
2015년	81조 1239억 원
2016년	73조 6356억 원
2017년	77조 8065억 원
2018년	85조 1830억 원
2019년	81조 4745억 원

연말 기준, 2019년은 6월 말 기준

하고 있다.

주식형 펀드가 차지하는 비중도 점점 줄어들고 있다. 2018년 전체 펀드 설정액(553조 8631억 원) 중 주식형 펀드는 15.37%에 그쳤다. 2006년 19.8%를 기록한 이래 가장 낮은 수치다.

외국계 증권사들의 이탈 또한 한국 주식시장에 거는 기대가 낮아지고 있다는 사실을 증명한다. 한국을 떠나는 외국계 증권사들이 부쩍 늘었고, 가장 최근에는 도이치증권이 한국 증시를 떠나기로 했다. 도이치증권 한국법인은 2019년 7월 18일 이사회를 열고 주식 영업·매매, 장내파생상품 매매, 리서치 부문을 폐지하기로 결정했다. 물론 이 경우는 도이치증권 본사의 수익성 악화 때문에 글로벌 차원에서 구조조정이 진행되고 있다는 점도 감안해야 한다. 하지만 그렇더라도 한국 증시의 매력이 그만큼 떨어졌다는 사실을 외면할 수 없다.

다른 외국계 증권사나 운용사도 마찬가지다. 도이치에 앞서 골드만삭스자산운용이 2012년 한국을 떠났으며, 2016년에는 바클레이즈증권, 2017년에는 JP모간자산운용과 피델리티자산운용이 짐을 쌌다. 또한 메릴린치, UBS, BNP파리바, 노무라증권 등 남아있는 다른 외국계 증권사들도 한국 주식에 대한 투자자들의 관심이 떨어지고 실적이 계속 악화되면서 임직원 수와 조직 규모를 축소시키고 있는 상황이다.

강남 아파트 불패신화는 과연 계속될까

증권부 다음에는 부동산부에서 근무했다. 한국 투자자들은 부동산 투자를 선호하는 경향이 있어, 주식시장에서 빠져나간 돈이 어디로 몰리는지 지켜볼 수 있었다.

부동산부에서 근무했던 2015년부터 2017년까지 3년간은 주택을 비롯해 부동산 가격이 크게 상승했던 시기다. 개인적인 경험을 이야기하자면 필자는 2015년 가을, 결혼을 앞두고 주택을 살지 전세로 들어갈지 고민 끝에 결국 전세를 선택했다. 아파트 가격이 오를 만큼 충분히 올랐다고 판단했기 때문이다. 하지만 알다시피 그 후로도 서울 아파트 가격은 큰 폭으로 올랐다. 수요와 공급의 불일치, 정부의 주택정책 등 여러 요인이 아파트 가격 상승을 부채질했다. 특히 그중에서도 저금리로 넘쳐나는 유동성이 주택시장으로 몰리면서 집값을 크게 끌어올렸다.[1] 앞서 살펴본 것처럼 국내 주식시장의 매력이 떨어지면서 마땅한 투자처를 찾기가 갈수록 어려워지던 시점이었다. 게다가 한국인들은 부동산 투자를 선호하는 경향이 강한 편이다. 전체 자산 중 부동산이 차지하는 비중이 절반을 넘을 정도다. 지난 2018년 10월 미래에셋은퇴연구소가 발간한 보고서 〈은퇴리포트 : 국제비교를 통해 본 우리나라 가계자산 특성 및 시사점〉에 따르면, 국내 가계의 부동산(거주주택과 거주주택 외 부동산 합산) 자산비중은 51.3%로 주요 비교대상국인 호주(50.4%), 네덜란드(45.5%), 미국(43.8%), 영국(37.4%)에 비해 높게 나타났다.

한국인들의 부동산 자산비중이 이처럼 높은 이유는, 수십 년간 경제발전에 따라 부동산 가격이 크게 오르는 현상을 목격했기 때문이다. 부동산은 사두기만 하면 언젠가는 오른다는 믿음이 생긴 것이다. 이렇듯 한국 사회에서 부동산에 대한 믿음은 하나의 신화처럼 자리 잡고 있다. 그러다 보니 한동안 '강남불패', '갭투자', '로또 아파트', '중소형 빌딩', '수익형 부동산' 같은 단어들이 연일 신문의 부동산면을 장식했다. 강남 재건축 아파트를 비롯해 서

1 2019년 6월 말 기준 수시입출식 예금과 1년 미만 정기예금, 현금통화 등을 합한 단기 부동자금 규모는 1000조 원에 달해 역대 최고 수준이다. 과거 참여정부 시절 강력한 부동산 규제 정책에도 불구하고 부동산 가격이 치솟은 데는 당시 막대한 토지보상비가 풀리면서 유동성이 넘쳐났던 것도 한몫했다.

울에서 새 아파트가 분양시장에 나올 때마다 청약경쟁률 역사가 새로 쓰였다. 서울뿐 아니라 교통이 편리한 수도권, 나아가 대구와 부산, 세종 같은 지방에서도 청약 광풍이 불고 아파트 가격도 크게 올랐다.

다만 현 정부 들어 이 같은 흐름에 변화가 나타나고 있다. 문재인 정부는 아파트 가격상승을 좌시하지 않겠다는 입장을 분명히 했다. 문재인 정부는 출범 40여 일 만인 2017년 6월 19일 '주택시장의 안정적 관리를 위한 선별적·맞춤형 대응방안'을 시작으로 8월 2일 '주택시장 안정화 방안', 9월 5일 '8·2 부동산대책 후속 조치', 10월 24일 '가계부채 종합 대책', 11월 29일 '주거 복지 로드맵', 12월 13일 '임대주택 등록 활성화 방안' 등 첫해부터 굵직굵직한 정책을 발표하면서 집값을 안정시키겠다는 강한 의지를 내비쳤다. 일각에서는 정부의 이 같은 규제 일변도 정책이 오히려 가격상승을 자극하는 것 아니냐는 우려도 있지만, 규제 강화를 통해 부동산 가격을 잡겠다는 정부의 의지는 확고해 보인다. 강력한 규제책에도 불구하고 부동산 가격이 좀처럼 안정되지 않자 가장 최근인 2019년 8월에는 분양가상한제 카드까지 꺼내들었다. 김현미 국토교통부 장관 또한 분양가상한제 발표 후 한 라디오 프로그램에서 "2013년부터 2015년까지 부동산 규제를 모두 풀었는데, 이런 규제 완화가 없었다면 부동산 시장은 안정됐을 것"이라고 말하며 부동산 가격 안정을 위해서는 규제가 필요하다는 입장을 밝혔다.

이러한 정부 기조를 고려하면 예전 같은 방식의 부동산 투자는 점점 어려워질 것으로 보인다. 또한 과거와 달리 경제성장률 둔화, 인구 감소 등으로 투자할 수 있는 부동산 대상조차 많지 않다. 강남 등 일부 지역 부동산 가격은 앞으로도 상승할 가능성이 크지만, 인구가 줄고 있는 지방 도시의 경우 전반적으로 가격 하락이 불가피하다는 예상이 힘을 얻고 있다. 건설사나 시행사, 부동산신탁사 등을 만나보면 사업지를 찾기가 갈수록 어려워진다는 이야기가 매번 나온다. 지난 몇 년간 개발형 신탁 사업으로 매 해 수주 신기록을 세웠던 신탁사조차 2018년부터 수주 실적이 목표치에 미치지 못하는 등 일감을 찾기 어려워 애를 먹는다고 했다. 이처럼 서울은 정부규제, 지방은 수요에 대한 우려가 부동산 투자를 주저하게 한다.

그렇다면 부동산 시장에 흘러들었던 돈은 이제 어디로 가게 될까. 강남 아파트 투자를 로망으로 여겼던 한국인들은 이제 어디에 투자해야 할까? 최근 들어 베트남이나 말레이시아, 태국, 호주, 일본 등 해외 부동산 관련 투자 세미나가 부쩍 늘어난 것에서도 투자자들의 고민을 엿볼 수 있다. 필자는 이 책에서 소개하는 리츠도 대안이 될 수 있다고 생각한다. 여기서는 주로 해외 리츠를 소개하겠지만 앞으로 성장 가능성이 높은 국내 리츠 시장도 눈여겨볼 필요가 있다.

정부가 리츠 활성화에 무게를 두고 정책을 펼친다는 점도 긍정적이다. 정부는 이미 2017년 10월 가계부채종합대책을 발표하면서 리츠 활성화를 천명했다. 당시 정부는 가계부채 증가의 가장 큰 원인을 부동산담보대출이라 진단하고, 아파트와 오피스텔, 상가 등 수익형 부동산에 대한 직접투자를 줄이기 위해 리츠나 부동산공모펀드와 같은 간접투자상품을 활성화하겠다고 발표했다. 리츠 활성화 대책도 계속되고 있다. 특히 2019년 9월 11일에는 세제혜택을 골자로 하는 '공모형 부동산 간접투자 활성화 방안'을 발표하면서 리츠 육성에 대한 의지를 드러냈다. 정부는 개인이 5000만 원 한도로 3년 이상 공모형 리츠나 부동산 펀드에 투자해 얻은 배당소득에 분리과세 혜택을 주고, 세율도 현행 14%에서 9%로 낮춰 적용하기로 했다. 금융소득은 연 2000만 원이 넘으면 다른 소득과 합산해 종합소득세율 6~42%로 누진과세되는데, 공모형 리츠와 부동산 펀드로 얻은 배당소득은 합산하지 않겠다는 뜻이다. 아울러 공모 리츠에 현물을 출자해 발생한 양도차익의 법인세는 출자 대가로 받은 주식을 처분할 때까지 과세를 이연해 주는 특례도 오는 2022년까지 3년 더 연장하기로 했다. 이러한 정부의 기조를 감안하면 향후 공모 상장리츠가 꾸준히 증가할 것으로 예상된다.

시장도 반응하고 있다. 2018년 7월 유가증권시장에 상장한 이리츠코크렙, 같은 해 8월에 상장한 신한알파리츠는 한국에서도

〈신한알파리츠와 이리츠코크렙 상장 후 주가 흐름〉

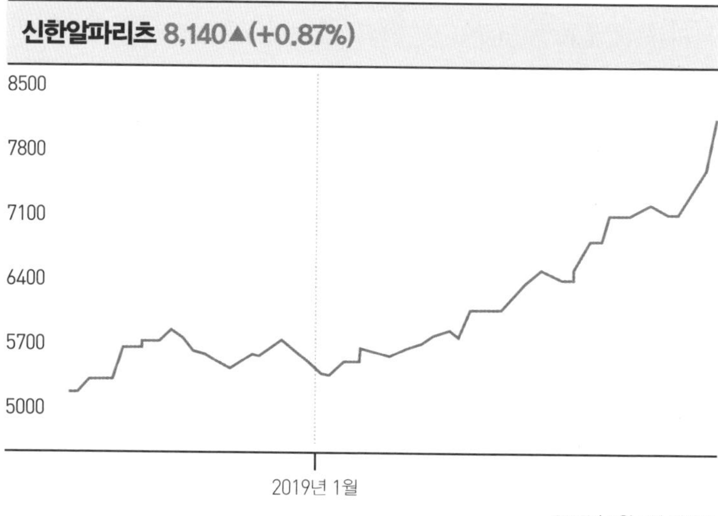

2019년 9월 4일 장마감

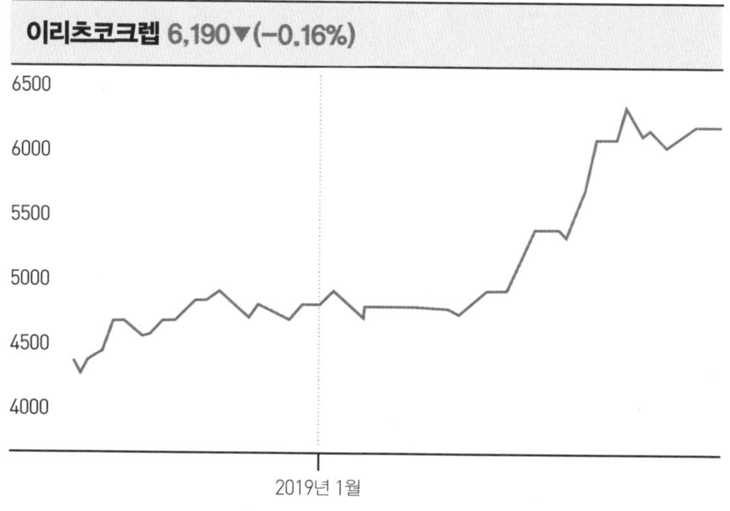

2019년 9월 4일 장마감

리츠가 성공적으로 자리잡을 수 있다는 희망을 줬다.

다만 아직은 국내 공모 상장리츠 시장이 작은 만큼 해외 리츠 시장에도 관심을 가져볼 필요가 있다. 현재 국내시장에는 상장리츠가 10개도 안 되는 반면 미국, 호주, 싱가포르, 일본 등 해외 증시에는 선택지가 다양하기 때문이다. 뉴욕 증시만 하더라도 상장된 리츠가 200여 개 이상이며 호주, 싱가포르, 일본에도 수십 개다. 그뿐 아니라 이들 나라의 상장된 리츠 중에는 오랜 기간 뛰어난 성과를 증명해 온 리츠들이 많다.

성장동력이 사라진 한국경제

증권부 다음에는 산업부로 옮겨 우리나라의 주요 대기업을 취재하고 있다. 조선, 해운, 철강, 기계, 방산 업종을 취재하다 지금은 반도체[1]와 디스플레이, 가전 부문을 담당한다. 모두 한국경제를 이끌어온 주력산업이다.

이들 산업에 대한 기사를 쓰면서, 한국 증시가 왜 이렇게 어려운 상황인지를 보다 잘 이해하게 되었다. 철강·유화·기계·자동차·조

1 반도체의 경우 2019년 1·4분기 기준 한국 전체 수출에서 차지하는 비중이 17.5%로, 2위인 일반기계(9.7%)의 2배에 달한다. 또한 한국거래소가 발표한 '2018 사업연도 유가증권시장 결산' 자료에 따르면 12월 결산법인 기준 삼성전자와 SK하이닉스가 전체 상장사 영업이익에서 차지하는 비중은 50%에 이른다. 반도체 업종의 비중이 워낙 큰 탓에 거래소는 삼성전자와 SK하이닉스를 제외한 실적을 따로 발표할 정도다. 삼성전자와 SK하이닉스는 메모리 반도체 분야에서 세계 1·2위를 차지하는 기업으로, 반도체는 분명 한국이 자랑할 만한 산업이다. 다만 이들 기업에 지나치게 의존하는 점은 우려스럽다.

선·반도체·디스플레이·스마트폰 등 한국 주력산업의 경쟁력이 갈수록 떨어지는 모습을 생생하게 목격했기 때문이다. 특히 이들 주력산업은 서비스업에 비해 경제성장 기여도가 높고 양질의 일자리를 창출할 수 있는 제조업이라 더 우려가 크다.

주력 제조업의 경쟁력이 떨어진 데에는 경제 및 산업구조의 낙후, 글로벌 성장 패러다임의 변화, 노동시장의 비효율성, 기업에 우호적이지 않은 환경 등 여러 요인이 영향을 미쳤다. 특히 노동시장의 경직성과 과도한 규제 등은 주력 제조업의 경쟁력을 약화시켜 기업들을 해외로 내모는 주요 원인으로 꼽힌다.

경쟁상대인 중국의 부상도 위협이 되고 있다. 국가별 제조업 경쟁력 지수를 나타내는 CIP(Competitive Industrial Performance Index) 순위에서 한국은 2014년까지 중국을 앞섰으나 2015년부터는 순위가 역전되었다. 한국은 2015년 5위로 내려앉은 반면, 중국은 10여 년간 눈부신 성장을 거듭해 2005년 17위에서 2015년 3위로 올라선 것이다.

중국의 부상은 한국 주력산업에 큰 위협 요인이 되고 있다. 디스플레이 산업이 대표적이다. 중국 정부의 막대한 보조금 지원을 등에 업은 BOE와 차이나스타옵스일렉트로니스(CSOT) 등이 저가 물량 공세로 밀어붙이면서, LG디스플레이와 삼성디스플레이 등 한국 업체들은 액정표시장치(LCD) 패널 시장의 주도권을 중국에 내줬다. 현재 LG디스플레이와 삼성디스플레이는 LCD 사업 부문의 수익성 악화를 극복하기 위해 대규모 구조조정을 진행하고 있다. 중국의 위협은 여기서 그치지 않는다. 최근 중국은 한국경제에서 가장 큰 비중을 차지하는 반도체 산업 육성에도 많은 투자를 하고 있다. 아직은 기술 격차가 있지만, 머지않아 중국의 반도체 굴기(崛起)가 한국을 위협할 가능성도 간과할 수 없다.

상황이 이렇다 보니 최근 주요 상장사들의 주주총회는 분위기가 험악하다. 주가 하락에 뿔난 주주들이 고성을 내는 모습도 드물지 않다. 지난 2018년 3월 필자가 직접 찾았던 포스코와 현대상선 주총도 주주들의 거센 항의로 아수라장이 되었으며, 특히 현대상선은 정상적인 진행이 어려울 정도였다. 2019년 2·4분기까지 17분기 연속 적자를 기록하는 등 실적이 개선될 기미가 보이지 않아 주주들이 단단히 화가 난 것이다. 2018년 정기 주총 때에도 소액주주 몇 명이 플래카드를 들고 나타나 경영진에게 거세게 항의했다.

국내 상장사 시가총액 1위인 삼성전자 주총도 별반 다르지 않다. 2018년 반도체 슈퍼사이클(초호황)이 지나가고 2019년 반도체 업황이 크게 둔화되면서 실적이 추락하고 주가도 지지부진하자 주주들의 성난 목소리가 높아졌다. LG디스플레이도 상황은 비슷해서, 5년 만에 배당을 하지 않기로 결정했다. 그만큼 실적이 부진하고 자금사정이 여의치 않다. 이 같은 경영실적은 주가에도 고스란히 반영된다. 그러다 보니 LG디스플레이 기사를 쓸 때마다 주주로 추정되는 네티즌들의 험악한(?) 댓글이 달리곤 한다.

이처럼 전통적 주력산업의 경쟁력이 빠르게 하락하고 있는데도 새로운 혁신기업의 등장이나 성장은 아직 요원하다. 타다와 택시업계의 갈등에서도 볼 수 있듯, 정부와 정치권도 아직 혁신산업에 어떻게 접근하고 육성해야 할지 방향을 잡지 못하는 것으로 보인다. 여기저기서 한국경제의 미래를 우려하는 목소리가 높아지고 있지만 정부도, 기업도 뚜렷한 해법을 찾지 못하고 있다. 이 같은 상황이 계속된다면 한국을 외면하고 떠나는 투자자들의 발걸음은 더욱 빨라질 수밖에 없다.

해외로 답을 찾아나선 투자자들

실제로 최근 들어 해외투자에 관심을 보이는 투자자들이 크게 늘었다. 앞서 언급했던 여러 가지 이유로 국내에서는 투자할 곳이 마땅치 않기 때문이다. 경제성장률은 연2%가 채 안 되고, 금리도 1% 초반으로 역대 최저치다. 한국 증시 비중도 전 세계에서 겨우 2% 정도다.

상황이 이렇다 보니 해외투자는 성장세가 남다르다. 한국예탁결제원에 따르면, 2019년 상반기 국내 투자자의 외화주식과 외화채권 등 외화증권 결제(매수 및 매도)금액은 840억 6000만 달러로 집계됐다. 원화로 환산하면 100조 원에 육박하는 약 99조 6000억 원으로, 2018년 하반기 524억 3000만 달러와 비교하면 60.3%나 증가한 수치다.

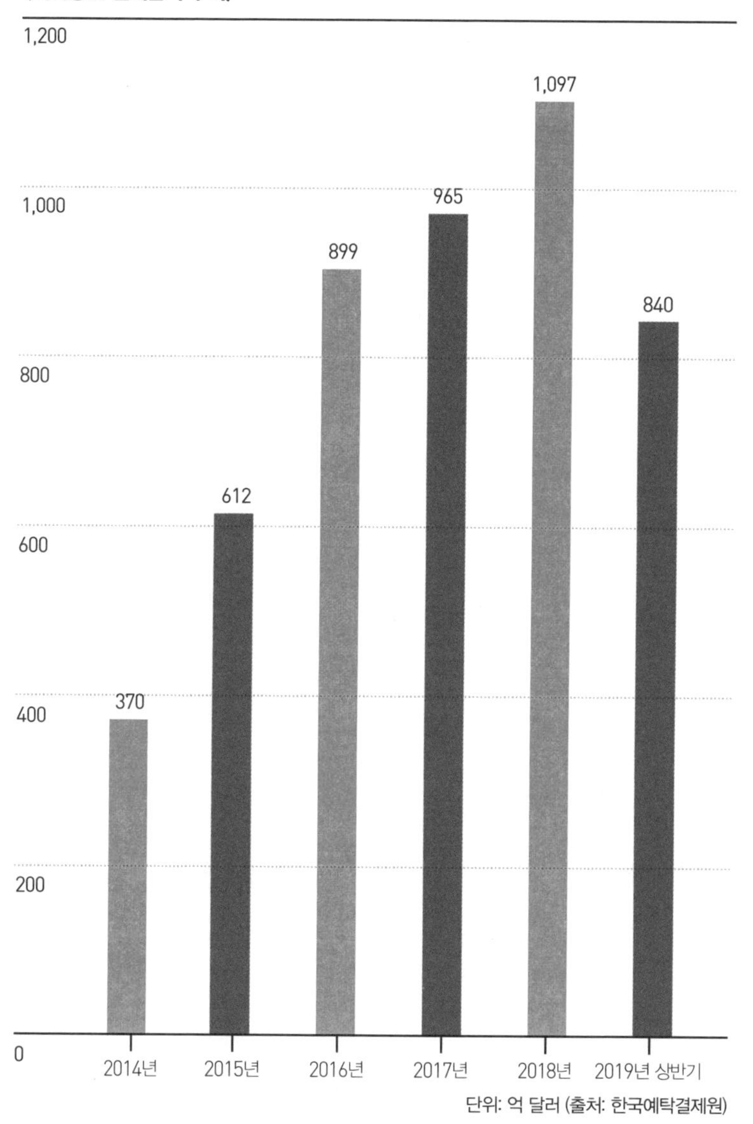
〈외화증권 결제금액 추이〉
1,200
1,000
800
600
400
200
0
370
612
899
965
1,097
840
2014년
2015년
2016년
2017년
2018년
2019년 상반기
단위: 억 달러 (출처: 한국예탁결제원)

해외주식 거래규모도 빠르게 커지고 있다. 2019년 상반기 외화주식 결제금액은 180억 7000만 달러로 직전 반기 146억 1000만 달러보다 23.6% 증가했다. 한국 사람들이 가장 많이 거래하는 외화주식인 미국 주식을 보면, 2019년 상반기 결세금액이 127억 2000만 달러를 기록했다. 직전 반기의 108억 4000만 달러와 비교했을 때 17.3% 증가한 수치다. 2위 홍콩도 1위 미국과는 차이가 크긴 하지만 거래가 활발하다. 2019년 상반기 홍콩 주식 결제금액은 26억 7000만 달러를 기록했다.

개별 종목으로 살펴보자면 2019년 상반기 기준 아마존 결제금액이 9억 7200만 달러로 가장 많았다. 그 뒤로는 마이크로소프트(3억 8900만 달러), 엔비디아(2억 8500만 달러), 애플(2억 5200만 달러) 등 익히 알고 있는 IT기업들이 결제금액 상위 10위권에 포진해 있다. 익숙한 기업 및 자산을 선호하는 투자자 성향을 알 수 있다.

흥미로운 점은 고액 자산가뿐 아니라 투자재원이 넉넉지 않은 젊은 층도 해외주식 투자에 적극적이라는 사실이다. 신한금융투자 빅데이터센터가 2015년 초부터 2018년 9월까지 신한금융투자에서 해외주식을 거래한 고객 2만여 명을 분석한 결과, 2018년 9월 기준 연령별 해외투자자 비중은 20대가 34%로 가장 높게 나타났다. 그다음으로는 30대 30%, 40대 21%, 50대 10%, 60대 이상이 5%로 뒤를 이었다. 2015년 초만 하더라도 20대 투자자가 15%에 불과했는데 3년여 만에 전체 투자자의 3분의 1 수준으로 급등한

것이다. 그야말로 해외주식 투자가 대세라는 방증이다.[1]

주식뿐 아니라 다양한 해외투자상품도 봇물 터지듯 쏟아지고 있다. 다만 해외투자상품이 급격하게 늘어나다 보니 우려하는 목소리도 나온다. 해외상품은 국내보다 정보를 알아내기가 쉽지 않기 때문이다. 실제로 최근 금융회사들이 판매한 해외금리 연계형 파생결합펀드(DLF)가 대규모 손실을 입기도 했다. 이 상품은 독일 국채 10년물 금리를 기초로 한 파생결합증권(DLS)를 편입한 상품이다. 발행일을 기준으로 금리가 일정 구간을 하회하지 않으면 연 4% 수익률을 보장하지만, 독일 국채 금리가 예상보다 크게 하락하면서 대규모 손실을 피할 수 없게 됐다. 특히 우리은행이 판매한 '독일금리연계전문사모증권투자신탁제7호(DLS-파생형)'는 최종 수익률이 -98.1%로 사실상 원금 전액 손실이 확정됐다. 1억 원을 넣은 투자자가 192만 원만 건지게 된 것이다. 심지어 불완전판매 가능성까지 거론되는 상황이다.

아무래도 해외상품 투자는 국내상품에 비해 판매사나 투자자 모두 이해도가 떨어질 수밖에 없고, 그러다 보니 금융기관들도 투

---

1 증권사들도 해외주식 투자 관련 서비스를 잇달아 선보이고 있다. KB증권은 미국·중국A·홍콩·일본 등 해외주식을 환전 없이 원화로 거래할 수 있는 '글로벌 원마켓' 통합증거금 서비스를 개시했으며, 신한금융투자는 미국에서 시행 중인 '소수점 주식구매' 서비스를 국내에 도입했다. 또 NH투자증권은 '글로벌 논스톱 매매 서비스'를 출시해 한국·미국·중국·일본·홍콩 주식을 자유롭게 당일 매매할 수 있는 서비스를 제공한다. 예를 들어 한국의 삼성전자를 팔고 미국 애플을 산다고 할 때, 예전에는 삼성전자의 매도 결제가 완료될 때까지 2거래일을 기다렸다가 환전해서 애플 주식을 매수해야 했으나 이제는 삼성전자를 매도한 당일 애플을 살 수 있다.

자자가 이해하기 쉬운 상품 위주로 판매하는 경향이 있다. 독일 국채를 기초자산으로 하는 이 상품도 마찬가지였다. 일반적으로 독일경제는 탄탄하다는 인식이 강해서, 독일 국채라고 하면 대부분의 투자자들이 신뢰한다. 주식도 마찬가지다. 한국 투자자들이 해외주식 중 아마존에 가장 많이 투자하는 건 유망해서기도 하지만 익숙한 기업이라는 이유가 크다.

해외투자에서 고려해야 할 것이 또 있다. 바로 환율과 세금이다. 특히 해외투자상품은 환율에 민감한데, 세금과 달리 환율은 예측이 쉽지 않아 더욱 주의해야 한다. 자산가치가 상승하더라도 환율 때문에 손실을 입을 수도 있고, 반대로 자산가치가 하락했을 때도 환율로 이익을 보기도 한다. 해외투자를 하려면 이러한 점을 반드시 고려하여 국내투자보다 신중하고 꼼꼼하게 접근할 필요가 있다.

뉴욕에 있는 투자자는 어디에 투자할까

미래에셋자산운용은 한국 운용사 중 가장 먼저, 그리고 가장 적극적으로 해외 부동산 투자에 나선 회사로 꼽힌다. 지난 2006년 상하이 푸동 핵심지역에 위치한 미래에셋타워를 시작으로 시드니 포시즌스호텔, 하와이와 샌프란시스코에 위치한 페어몬트 오키드를 인수했다. 또 최근에는 뉴욕 맨해튼, 샌프란시스코, 시카고, 마이애미 등 주요 거점에 위치한 최고급 호텔 15개를 중국 안방보험으로부터 인수하기도 했다. 금액은 무려 58억 달러(약 7조원). 박현주 회장은 최근에도 임원들이 모인 자리에서 "뉴욕에 있다면 어디에 투자할까"라는 질문을 던지며 해외 부동산 투자의 중요성을 재차 강조했다고 한다.

해외투자 중에서도 부동산 부문의 증가가 두드러지는 건 미래에셋자산운용만의 일이 아니다. 국민연금, 교직원공제회, 공무원연금, 행정공제회 등 자산운용규모가 수십 수백조 원에 달하는 기관투자자들도 이미 수년 전부터 해외 부동산 투자를 크게 늘리고 있다. 저성장·저금리 기조가 고착화되면서 큰손들이 주식이나 채권 같은 전통적인 투자상품이 아닌 대체투자(alternative investment)에서 돌파구를 찾고 있기 때문이다.

국민연금의 전체 자산운용규모는 685조 원인데, 대체투자가 차지하는 비중은 2019년 5월 말 기준 11.9%(81조 4000억 원)이다. 국내 대체투자 규모는 24조 2000억 원, 그중 부동산은 30.4%(7조 4000억 원)를 차지한다. 반면 해외 대체투자 규모는 54조 6000억 원이고, 이 가운데 부동산 비중은 40.9%(22조 3000억 원)다. 2012년 국민연금의 부동산 투자는 국내(4조 5000억 원)와 해외(8조 4000억 원)를 합쳐 12조 9000억 원 정도였지만, 2019년 1분기에는 국내(7조 4000억 원)와 해외(22조 3000억 원)를 합쳐 29조 7000억 원으로 크게 늘었다. 특히 최근 들어 해외 부동산 투자 규모의 상승세가 국내보다 가파르다. 큰손들도 개인들과 마찬가지로 국내에서 투자대상을 찾기가 어렵기 때문이다.

주택도시기금 여유자금도 2016년에 부동산 대체투자를 시작했는데, 바로 다음 해인 2017년부터 재빠르게 해외 부동산 투자에 나섰다. 첫 투자대상은 미국 보스턴에 위치한 스테이트 스트리트 은행 본사를 담보로 한 중순위 대출채권(메자닌)이었다.

이처럼 뉴욕이나 워싱턴, 런던, 파리, 프랑크푸르트, 시드니, 도쿄 등 세계 주요 도시 한복판에서 한국 큰손들이 투자한 빌딩을 찾는 일은 이제 어렵지 않다. 미국 경제지 〈월스트리트저널(WSJ)〉[1]과 영국의 경제지 〈파이낸셜타임스(FT)〉[2]에서도 기사를 내 국내 기관투자가를 미국 상업용 부동산 시장의 큰손으로 조명할 정도다.

큰손들의 해외투자 증가는 숫자로도 뚜렷하게 확인할 수 있다. 금융투자협회에 따르면 해외 부동산사모펀드 규모는 2019년 상반기 말 44조 5602억 원(설정원본 기준)으로, 5년 전인 2013년 말(5조 2068억 원)보다 9배 가까이 커졌다. 특히 국민연금은 2006년 처음 해외 부동산 투자를 시작해 2008년 금융위기 이후 본격적으로 투자를 확대했는데, 이때(2008년 말) 해외 부동산 사모펀드 규모가 1조 3233억 원에 불과했다는 점을 떠올려보면 국내 기관투자자들의 해외 부동산 투자는 비약적으로 발전한 셈이다.

부동산자산운용사들도 해외 부동산 투자에 앞다퉈 뛰어들었다. 이지스자산운용, 미래에셋자산운용, 하나대체투자자산운용 등 대형사들은 물론 KTB자산운용, 메리츠대체투자운용 등 신생 운용

---

1 Esther Fung · Kwanwoo Jun, "South Korean Investors Pile Into U.S. Commercial Property Debt", 〈the Wall Street Journal〉, 2018.4.17.

2 Song Jung-a, "South Korean cash finds a home in European prime property", 〈Finalcial Times〉, 2019.3.12.

〈해외 부동산 사모펀드 증가 추이〉

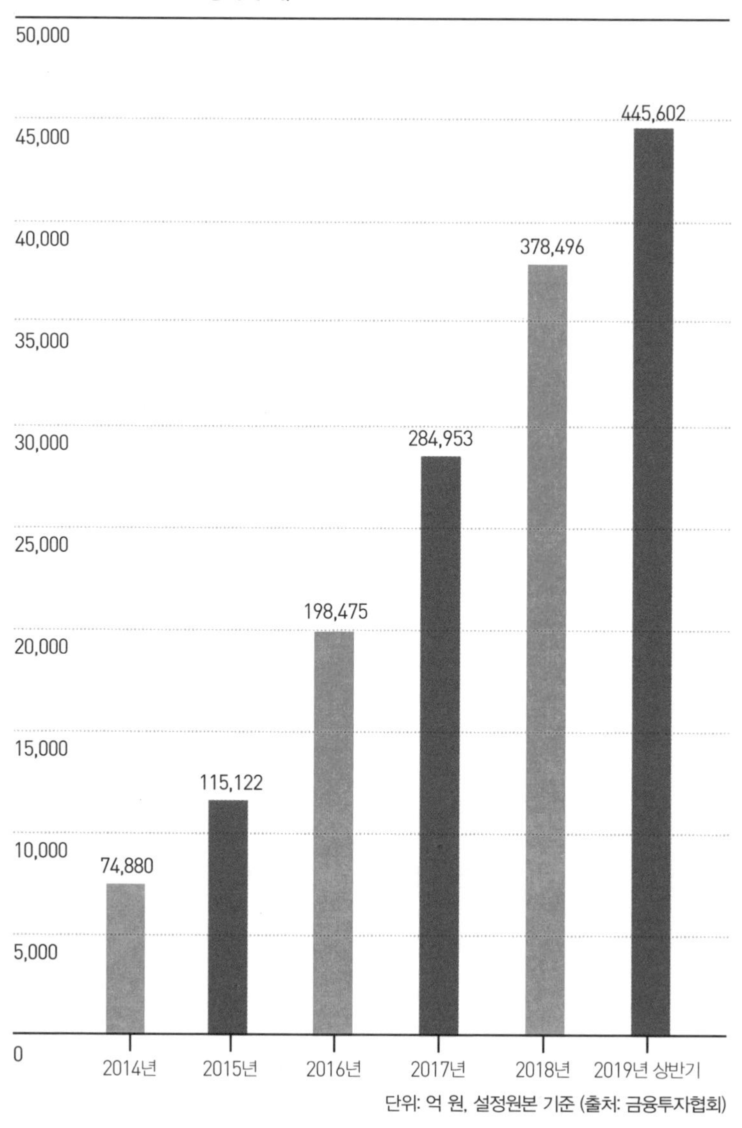

단위: 억 원, 설정원본 기준 (출처: 금융투자협회)

사들은 아예 처음부터 해외 부동산 투자에 집중하고 있다. 또한 마스턴투자운용과 제이알투자운용 등 리츠 자산운용사들도 최근 사모펀드 운용사 인가를 받고 해외투자처 발굴에 나섰다. 아울러 LB자산운용, 페블스톤자산운용 등 신생사들은 초창기에 국내투자로 실적을 쌓은 후 해외로 눈을 돌리는 상황이다.

국내 투자자들의 해외 부동산 투자가 증가하면서 운용사나 증권사가 현지에 사무소를 마련해 딜을 발굴하는 경우도 늘고 있다. 업계 1위 이지스자산운용은 뉴욕과 런던, 싱가포르에 현지 사무소를 냈으며, 대신증권도 미국 현지법인 '대신아메리카'를 설립하고 부동산을 비롯한 실물자산 발굴에 나서기로 했다. 한강에셋자산운용은 아예 설립 초기부터 뉴욕 맨해튼에 사무소를 마련해 투자대상을 찾고 있다.

이처럼 해외에 사무소를 둔 운용사들은 현지 디벨로퍼나 투자자와 네트워킹을 쌓을 수 있어 투자처 발굴에 유리하다. 실제로 한 운용사는 최근 맨해튼을 대표하는 디벨로퍼 중 한 곳을 한국으로 초대해 기관투자자들과의 만남을 주선하기도 했다. 그간 한국투자자들과는 연이 없던 곳이었지만 최근 중국계 자금이탈이 심화되면서 국내기관들을 투자자로 유치하기 위해 한국을 찾은 것이다. 글로벌 부동산 투자시장에서 한국 투자자들의 비중이 커지고 있다는 사실을 알 수 있다.

영토를
넓혀가는
해외 부동산 투자

국내 큰손들의 해외 부동산 투자는 역사가 길지 않다. 자산운용 규모가 가장 큰 국민연금도 해외 부동산 투자는 2006년 1·4분기가 처음이었다. 국민연금 이전에도 해외투자 사례는 있었지만 지금 기관들처럼 체계적으로 자산을 배분하는 곳은 거의 없었다. 게다가 대부분 선진국보다는 카자흐스탄 등 중앙아시아, 혹은 동남아시아의 발리 리조트 개발사업처럼 개발도상국의 리스크가 큰 개발 프로젝트여서 실패 사례가 많았다.

국민연금은 시작부터 중장기계획을 세워 선진국 중심의 안정적인 부동산 투자를 준비했다. 초창기에는 해외 부동산 투자시장에서 국민연금의 영향력이 미미해 투자 물건을 잡기가 쉽지 않았지만, 2008년 글로벌 금융위기가 기회를 만들어주었다.

포르 상장이 무산된 롯데는 2019년 10월 30일 한국거래소 유가증권시장에 상장했다). 롯데뿐 아니라 이랜드도 SGX로부터 리츠 상장 제안을 받기도 했다.

다시 돌아가서, 2016년 출장 당시 싱가포르에서 만난 현지 DBS 은행 관계자는 싱가포르가 국토 면적이 작다 보니 홍콩이나 말레이시아·일본·대만에 비해 보다 국제적인 리츠 포트폴리오를 가지고 있다고 설명했다. 이같이 해외 부동산에 적극적으로 투자하는 리츠들이 투자자들의 투자욕구를 다양하게 채워주고 있으며, 현지 부동산을 직접 사는 것보다 안전한 투자기회를 제공한다고 강조하기도 했다.

한국도 상황은 비슷하다. 국내에서는 투자 대상을 찾기가 점점 어려워지고 있으니, 앞으로 해외 부동산에 투자하는 부동산 간접투자상품이나 해외 증시에 상장된 리츠를 통한 투자기회가 더욱 늘어날 것으로 예상된다.

가장 손쉬운 해외 부동산 투자법 '리츠'

개인이 해외 부동산에 쉽게 투자할 수 있는 방법으로는 앞서 설명한 부동산 펀드, 그리고 리츠가 있다.

'펀드(fund)'란 간단히 말해 여러 사람의 돈을 모아 전문가가 대신 투자하는 간접투자상품을 말한다. 자산운용사가 상품을 만들면 투자자는 은행이나 증권사 등 판매회사를 통해 가입하는 구조다. 부동산 펀드의 경우 최근에는 개인들이 투자할 수 있는 공모형 상품이 많이 출시되고 있다.

리츠(REITs)는 'Real Estate Investment Trusts'의 약자다. 통상적으로 '부동산 투자회사'라 부르는데, 여러 사람들이 십시일반 돈을 모아 대형 부동산에 투자한다는 점은 펀드와 동일하다. 다만 리츠는 총 자산의 70% 이상을 부동산에 투자하고 90% 이상을 배당하도록 의무화되어 있다.

리츠와 부동산 펀드의 가장 큰 차이점은 리츠의 경우 유동화가 쉽다는 점이다. 기본적으로 주식시장 상장을 전제로 하기 때문이다. 하지만 아직까지 국내 상장리츠가 해외 부동산에 투자한 사례는 없다. 리츠 자산관리회사(AMC, Asset Management Company) 관계자들의 이야기를 들어봐도, 공모 상장리츠에 해외자산을 편입하는 데에는 관심이 있지만 시간은 조금 걸릴 것으로 예상된다. 국내 공모 상장리츠 시장이 이제야 막 활성화되어 당분간은 국내 우량자산 위주로 편입할 가능성이 크다.[1]

하지만 리츠를 통해 해외 부동산에 투자할 방법이 전혀 없는 것은 아니다. 미국이나 캐나다, 호주, 싱가포르, 일본 등 해외 증시에 상장되어 있는 리츠에 투자하면 된다. 미국에는 200여개의 상장리츠가 있으며, 캐나다, 호주, 싱가포르, 일본에도 수십 개의 리츠가 상장되어 있다. 그러므로 국내에 마땅한 투자처를 찾기 어렵다면 해외에서 기회를 찾아볼 수 있다. 해외 리츠가 생소한 개인투자자도 마찬가지다. 상장리츠를 통해 해외 부동산에 투자하는 방법은 2부에서 자세히 알아보자.

---

1 국내 공모 상장리츠 시장은 2000년대 초반에 제도가 도입된 후 약 15년간 사실상 없는 거나 마찬가지였다. 변화의 조짐이 나타난 건 2018년부터다. 2018년 7월 코람코자산신탁의 이리츠코크렙, 신한리츠운용의 신한알파리츠가 상장하면서 공모 상장리츠에 대한 투자자들과 업계의 관심이 높아졌다.

How? 상장리츠로 해외 부동산 손쉽게 투자하기

[PART 2]

해외에는 개인들이 대형 부동산에 투자할 수 있는 길이 많다. 특히 상장리츠가 그렇다. 대형 부동산을 유동화해 주식시장에 상장하면 개인에게도 주식에 투자하듯이 대형 부동산에 간접투자할 수 있는 기회가 생기는 것이다.

증시에 상장된 상장리츠는 주식의 형태로 쉽게 매수·매도가 가능하고, 만기가 없는 형태의 영속성 리츠다. 대형 오피스 빌딩이나 쇼핑센터, 호텔 등을 소유한 법인이 건물을 관리하면서 생긴 임차수익 및 매각차익 등을 '배당'이라는 방식으로 주주들과 정기적으로 공유한다. 이 방법이라면 투자금이 적은 개인투자자들도 간접적으로 건물주가 될 수 있다. 미국, 캐나다, 호주, 일본, 싱가포르 등에서는 이 같은 상장리츠가 활성화되어 있어 개인투자자들도 접근하기 쉽다.

개인도
대형 부동산에
투자할 수 있다

"어차피 이번 생엔 틀렸어. 내 주제에 무슨 아파트에 웬 건물주야? 꿈도 꾸지 말자, 휴…."

우리나라 부동산 가격이 급등하면서 이런 한탄이 여기저기서 들린다. 우리나라만의 이야기일까. 최근에는 닭장 같은 홍콩 주택 사진이 화제였고, 몇 해 전에는 런던의 비싼 집값을 감당하지 못한 영국인이 스페인 바르셀로나에 거주하면서 저가 항공으로 출퇴근한다는 기사가 나기도 했다. 이렇게 전 세계 부동산 가격이 크게 상승하면서 개인들은 상대적 박탈감과 실의에 빠졌다. 평생을 죽어라 일해서 모아도 대도시에서 집 한 채 사기 어려워졌기 때문이다. 서울만 봐도 웬만한 아파트는 10억 원이 훌쩍 넘는다.

내가 살 집을 구하는 것도 어려운 상황에 부동산 투자까지 고려하기란 더더욱 쉽지 않다. 부동산은 주식이나 채권 등 다른 금융 상품보다 상대적으로 큰돈이 필요하기 때문이다. 그렇기에 지금까지 고급주택이나 오피스 빌딩, 호텔 같은 부동산 투자는 일부 가진 이들만의 전유물로 여겨졌다. 우리나라뿐 아니라 다른 나라에서도 마찬가지다.

하지만 방법이 없는 게 아니다. 특히 해외에는 개인들이 대형 부동산에 투자할 수 있는 길이 많다. 바로 '상장리츠(Listed REITs)'다. 대형 부동산을 유동화해 주식시장에 상장하면 개인에게도 주식에 투자하듯이 대형 부동산에 간접투자할 수 있는 기회가 생기는 것이다.

증시에 상장된 상장리츠는 주식의 형태로 쉽게 매수·매도가 가능하고, 만기가 없는 형태의 영속형 리츠다. 대형 오피스 빌딩이나 쇼핑센터, 호텔 등을 소유한 법인이 건물을 관리하면서 생긴 임차수익 및 매각차익 등을 '배당'이라는 방식을 통해 주주들과 정기적으로 공유하는 것이다. 이 방법이라면 건물이 너무 비싸서 살 엄두를 못 냈던 개인투자자도 간접적으로 건물주가 될 수 있다. 미국, 캐나다, 호주, 일본, 싱가포르 등에서는 이 같은 상장리츠가 활성화되어 개인투자자들도 접근하기 쉽다.

세금 문제 등도 부동산 직접투자에 비해 비교적 자유롭다. 개인이 상장리츠에 투자할 경우 최소가입금액, 만기·보유 시 관련 세금 등이 없다. 일반적인 폐쇄형 부동산 사모펀드나 부동산 직접투자와는 달리 상장리츠는 매매차익(해외 상장리츠는 양도소득세)과 배당소득세만 과세한다. 또한 상장리츠는 부동산 펀드나 부동산 직접투자와 비교할 때 '환금성'이 가장 큰 장점이자 매력이다. 앞서 말했듯, 상장된 주식이기 때문이다.

한국에서는 '맥쿼리인프라'가 2006년 3월에 상장되었으며, 2018년 7월 이리츠코크렙, 같은 해 8월 신한알파리츠가 상장하면서 이제 막 걸음마를 시작한 단계다. 맥쿼리인프라의 경우 '인프

〈글로벌 상장리츠 국가별 현황〉

구분		리츠 도입연도	상장 종목수	시가총액 (단위 : 조 원)
북미	미국	1960	248	1578
	캐나다	1993	42	70
아시아	호주	1971	56	119
	일본	2000	63	160
	한국	2000	5	-
	싱가포르	2002	36	76
	홍콩	2003	12	50
	대만	2003	7	4
유럽	영국	2006	52	95
	독일	2007	6	5.6
	스페인	2009	64	2.8

2019년 7월 말 기준 (출처: 블룸버그(Bloomberg), 저자 정리)

라펀드'로 분류되어 엄밀히 말하면 리츠라 할 수는 없지만 리츠와 유사한 형태의 상품이다.

반면 글로벌 상장리츠 시장은 이미 상당히 발전해 있다. 전 세계 상장리츠 시장의 시가총액은 약 2400조 원으로, 우리나라 코스피와 코스닥을 합친 것(약 1400조 원)보다 규모가 훨씬 크다.

가장 큰 리츠 시장은 미국으로, 시가총액이 약 1568조 원(2019년 9월 말 기준)에 이른다. 미국 상장리츠 시장은 1960년대부터 형성되었으며, 지난 60여 년간 계속해서 진화·발전해 왔다.

아시아에서는 일본이 가장 크다. 일본은 한국과 비슷한 시기인 2000년대 초반부터 시장이 만들어졌기에 미국과 비교하면 역사 자체는 길지 않다. 하지만 현재 상장리츠 시가총액 규모가 약 160조 원(2019년 9월 말 기준)에 달하고, 수익률이나 안정성 측면에서도 높은 평가를 받고 있다. 특히 2020년 도쿄올림픽을 앞두고 있어 투자자들의 관심도 높다.

이에 비해 한국 상장리츠는 아직 10개가 채 되지 않는다. 2019년 11월 기준 7개의 리츠가 유가증권시장에 상장되어 있으며, 2~3개 리츠가 상장을 준비하고 있다.

그렇다면 미국, 일본 등 선진국 투자자들의 포트폴리오는 우리나라 투자자들과 어떤 차이가 있을까? 많은 개인투자자들이 궁금해하는 부분도 이 지점이다. 미국이나 일본, 호주 등 자산운용시장이 발달한 선진국 개인투자자들의 포트폴리오에는 해외주식,

해외채권, 상장리츠, 상장지수펀드(ETF) 등 다양한 상품들이 균형 있게 배분되어 있다. 당연히 상장리츠 또한 이들의 자산배분전략에서 빼놓을 수 없는 상품이 된 지 오래이며, 특히 미국은 상장리츠의 배당수익률이 S&P500 지수보다 항상 높았기 때문에 훌륭한 은퇴투자자산으로 인정받고 있다. 미국의 국민연금이라 불리는 401K은퇴자금을 비롯해 각 대학 예산기금과 은퇴자기금 등에서도 상장리츠에 많이 투자한다. 일례로 미국의 최대 연기금인 캘퍼스(CalPERs)는 포트폴리오의 약 8~13%가 미국 상장리츠로 채워져 있다.

그러나 대부분의 한국 투자자들은 한국 주식, 한국 채권, 주가연계증권(ELS), 파생결합증권(DLS), 한국 펀드 등 포트폴리오가 원화자산에 편중되어 있다. 그러다 보니 악재가 발생하면 크게 손해 볼 가능성도 높다. 북한이 미사일을 쏘거나 핵실험을 할 때마다 원화자산가치가 급락했던 것을 떠올려보면 이해가 쉬울 것이다. 투자의 세계에는 '달걀을 한 바구니에 담지 마라'는 격언이 있다. 말하자면 원화자산으로만 포트폴리오를 채우는 것은 투자의 기본 원칙을 무시하는 일이다.

해외 상장리츠는 원화에 편중된 포트폴리오를 다변화할 투자처가 될 수 있다. 미국 달러나 일본 엔화, 싱가포르 달러 등으로 구성된 글로벌 상장리츠를 잘 선택해서 투자하면 원화자산 편중에 따른 리스크를 상당 부분 헤지(hedge)하면서 자산을 안정적으로 배

〈캘퍼스 포트폴리오 배분 현황〉

보유 포트폴리오	전략적 목표 포트폴리오 비중[1]	추가 보유 할당 비중(%)	현재 보유 비중(%)	변동률 (%)
해외주식	24%	±2%	24.7%	0.7%
채권	39%	±2%	38.6%	(0.4%)
물가연동채권(TIPS)	26%	±2%	25.7%	(0.3%)
리츠	8%	±2%	8.1%	0.1%
상품 및 현금	3%	±2%	2.9%	(0.1%)
유동성	0%	±2%	0.0%	0.0%

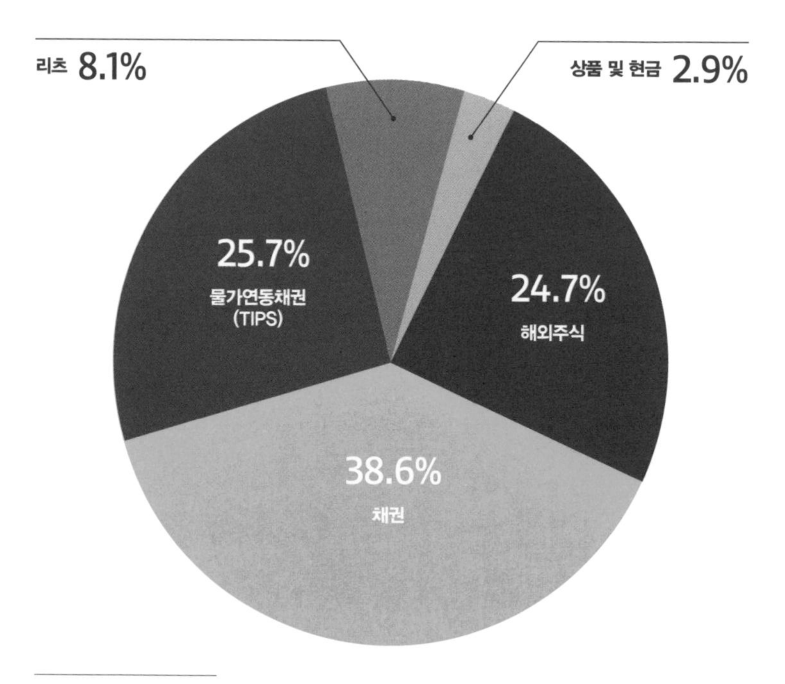

1 2014년 10월 IC회의에서 승인된 할당량임. (Allocations approved by the Board at the October 2014 IC meeting)

분할 수 있다. 게다가 상장리츠 투자를 통해 '배당수익, 평가 차익, 환차익'이라는 세 마리 토끼를 잡을 수도 있다.

이 토끼들을 좀 더 살펴보자. 우선 대부분의 상장리츠가 배당가능이익의 90% 이상을 배당으로 지급하면서 법인세 면제 혜택을 받기 때문에 배당률이 4~9% 수준으로 상당히 높다. 또 환차익을 보자면, 가령 미국 리츠를 살 때는 원화를 미국 달러로 환전한 후 해당 통화로 주식을 매수하면서 투자가 진행된다. 환전한 시점에 환율이 1000원이었다고 가정했을 때, 이후 1050원까지 환율이 오르면 단순계산으로도 약 5%의 환차익이 생기는 셈이다. 또한 일반 주식처럼 리츠 주식의 가격이 오르면 시세차익을 남기고 매도할 수 있는 장점도 있다.

이를 고려할 때 해외 상장리츠를 포함해서 자산 포트폴리오를 구성하면 한국 투자자들도 좀 더 안정적인 자산 증식이 가능해질 것이라 생각한다. 게다가 소파에 누운 채 해당 국가 장중에 편히 매수·매도할 수 있다는 것은 큰 장점이다. 누구나, 언제 어디서든, 얼마든지 전 세계 최고의 부동산에 투자하고 건물주가 될 수 있는 셈이다.

해외 상장리츠 투자 사례

사례 1. 오피스텔 대신 미국 상장리츠를 매수하다

필자는 최근까지 강남 대치동에서 PB(Private Banker, 개인자산관리) 업무를 수행하면서 다양한 고객의 자산관리를 도왔는데, 그러다 보니 자연스럽게 개인투자자들의 애환과 고민을 들을 기회가 많았다. 이야기를 나누다 보면 한국인들이 부동산 투자에 정말 관심이 많다는 사실을 새삼 실감하게 된다. 고민 중 상당수가 바로 부동산 투자 후유증이기 때문이다. 대출을 많이 받아 건물주가 되었는데 공실이 지속되어 임대수익보다 대출이자가 더 많아졌다는 이야기, 대출로 건물을 매수했는데 건물 가격이 오르기는커녕

세금만 많이 나간다는 한탄, 오피스텔을 매수했는데 투자금액 대비 임대수익률이 높지 않아 고민인 고객, 1층 삼겹살집의 냄새와 소음에 2층 임차고객이 계속 항의해서 임차인 관리에 어려움을 겪는 경우 등 정말 다양하다.

필자는 고객들의 고민에 미국, 캐나다, 일본 등의 해외 상장리츠를 대안으로 제시하곤 했다. 특히 매매차익 기대가 낮은 고객, 보유세·종합부동산세·취득세 등 부동산 관련 세금 부담이 큰 고객, 금융소득종합과세에 덜 민감한 고객 같은 경우에는 부동산 직접 투자보다 해외 상장리츠를 더욱 적극적으로 권했다.

가장 대표적인 사례가 바로 지금부터 소개할 미국 상장리츠 매수 사례다. 해당 투자자는 2017년 7월 여유자금 2억 5000만 원으로 오피스텔을 매수해 월세를 받을 계획이었다. 하지만 사고 나서 과연 부동산 가격이 오를지, 임차인 유치는 어렵지 않을지, 월세는 보증금 3000만 원에 월세 50만 원 정도로 예상하는데 괜찮을지, 보유세나 재산세 같은 세금은 얼마나 내야 하는지 등 고려할 점이 한두 가지가 아니었다. 말하자면 투자에 대한 부담감이 컸다.

이에 필자는 오피스텔이 아닌 미국 상장리츠를 대안으로 제시했다. 필자가 추천한 종목은 '글로벌 넷 리스(Global Net Lease, 티커: GNL US)'라는 미국 상장리츠였다. 글로벌 넷 리스는 미국과 유럽에 위치한 약 300여 개 부동산에 투자하는 종목으로, 당시 배당수익률이 세전 약 10%에 달했다. 특히 매달 달러로 배당을 지급한다는 점이 매력적이었다.

글로벌 넷 리스의 여러 투자 포인트와 리스크를 설명하자, 고객은 결국 오피스텔이 아닌 이 해외 상장리츠에 투자를 결심했다. 당시 원-달러 환율이 약 1060원대였는데, 환전해서 주당 약 20달러에 2억 원 정도를 매수했다. 2년이 지난 지금 환율은 약 1200원(2019년 10월 기준)이며, 2년간 배당수익률은 세전 약 20%다.

최근 글로벌 넷 리스의 주식가격은 19.50달러(2019년 9월 30일 종가 기준)으로 20달러에 투자했을 때와 비교하면 -2.50%지만, 앞서 말한 환차익과 배당수익 덕분에 2019년 10월 기준 30% 이상의 수익을 올리고 있다. 또한 매도하지 않고 2년간 보유만 했기 때문에 매매차익 자체가 없어 양도소득세도 내지 않았다(해외주식 양도소득세는 매도하여 확정된 매매차익이 있을 때만 발생한다). 배당소득세가 있기는 했지만, 그사이 수령한 배당금에 대해서만 15% 원천징수가 적용됐다. 금융소득종합과세[1]에 세전 배당금이 포함되어 연 2000만 원이 넘어가긴 했지만 오피스텔을 실소유했을 때 예상되는 국내 부동산 관련 세금보다는 낮았다.

결과적으로 수익률 성과도 훨씬 좋았다. 2억 5000만 원짜리 오피스텔을 매수해 매달 월세로 50만 원씩 수령했다면 1년에 약

1 금융소득종합과세제도는 금융소득(이자소득과 배당소득)을 합해 연 2000만 원이 넘으면 근로소득 등과 합산하여 전체 소득을 기준으로 최고 42%의 세율을 적용하는 제도다.

600만 원의 월세수익을 거둘 수 있으니 실제 임대수익률은 2~3% 정도 수준이다. 하지만 이 고객은 미국 리츠를 통해 1년에 세전 약 10%의 배당금을 수령했다. 원금 2억 원의 배당수익만 1년에 세전 약 2000만 원을 받은 것이다. 15% 배당소득세를 제외한 세후 배당으로도 오피스텔 월세수익률을 크게 뛰어넘는다. 아울러 월 배당을 미국 달러로 받기 때문에 환차익까지 생겨 두 마리 토끼를 잡는 효과가 있었다.

사례 2. 장기 분할 매수의 효과를 톡톡히 누린 글로벌 리츠

해외 이민을 상담하러 왔다가 글로벌 리츠에 투자하는 경우도 많다. 얼마 전 상담을 진행한 B고객은 배우자, 자녀와 함께 캐나다로 이주할 계획인데, 2년 이상 고민하고 계획했던 터라 캐나다에 대한 사전지식이 어느 정도 갖춰져 있었다.

B고객은 투자하고 싶은 상품의 성격을 구체적으로 제시했다. 캐나다달러가 10년래 최저 수준(2017년 하반기 약 평균 830~850원대)이라는 점을 감안해, 환전하여 안정적인 배당이 지급되는 상품이나 주식 등에 투자하고 싶다고 했다.

필자가 추천한 글로벌 리츠는 캐나다 증시에 상장된 '아티스 리츠(Artis REITs)'였다. 세전 시가배당률이 약 7~8%이고, 캐나다달러(CAD)로 매달 월지급식 배당을 주었다. 미국 세관(US Customs), 국경수비대(US Border Protection), 캐나다의 연금기관, 우체국 등 국가 또는 정부기관 일부가 임차고객사에 포함된 점도 매력적이었다. 임차기간 또한 평균 8년 이상의 장기 임차로 안정적이었고, 10년 동안 한 번도 변동 없이 배당을 지급하고 있었다. 고객은 당시 약 850원에 캐나다달러로 환전해 아티스 리츠를 1주당 약 11.30캐나다달러에 매수했다.

참고로 캐나다 주식은 자주 거래되지 않기 때문에 온라인 거래는 대부분의 증권사에서 불가능하고 전화 주문을 해야 한다. B고객은 매수 후 약 8개월간 매월 안정적으로 배당금을 받았다.

그런데 예상치 못한 소식이 날아들었다. 아티스 리츠가 갑자기 배당을 50% 삭감하고, 배당을 줄여 확보한 자금으로 자사주를 매입해 과도하게 저평가된 주가를 부양하겠다고 발표한 것이다. 일반적으로 자사주 매입은 주가에 호재로 여겨지지만 아티스 리츠는 정반대로 주가가 약 10% 이상 급락했다. 리츠는 배당을 보고 투자하는 경우가 많기에 배당 축소 소식이 악재로 받아들여진 것이다.

하지만 필자는 오히려 추가 매수를 권했다. 배당은 줄었지만 자사주 매입을 통해 주가를 부양하겠다는 의지를 나타낸 데다, 기본적으로 리츠는 장기투자로 접근하는 것이 좋다고 판단했기 때문이다. 고객도 권유를 받아들여 1주당 약 9.80캐나다달러에 추가 매수했으며, 평균 매입가를 1주당 10.08캐나다달러로 낮췄다.

결과적으로 전략은 성공을 거뒀다. 2019년 10월 현재 캐나다달러가 약 880~910원대에서 움직이고 있어 환차익이 발생했을 뿐 아니라, 자사주 매입 효과로 주가가 계속 상승해 1주당 12.58캐나다달러까지 올랐다. 고객은 현재 37%의 수익을 거두고 있으며, 매달 캐나다달러로 들어오는 배당을 잘 모아 내년 상반기 캐나다 이민에 사용할 계획이다.

이처럼 리츠에 투자할 때는 한 번에 많은 금액을 투자할 게 아니라 하락할 때마다 분할 매수해 투자 규모를 키우는 것도 현명한 방법이 될 수 있다.

사례 3. 유학 간 자녀를 위한 월지급식 배당 리츠

한국은 교육열이 높아, 미국이나 캐나다 등 해외로 자녀를 유학 보내는 경우가 많다. 유학 간 자녀를 위해 매달 달러나 캐나다달러를 송금하는 사람들도 늘어나고 있다. 필자도 이런 고객들을 자주 만나는데, 이때 많이 추천하는 것도 해외 상장리츠다. 한국과 달리 미국이나 캐나다에 상장된 해외 상장리츠 중에서는 월지급식 또는 분기배당하는 종목이 많기 때문이다.[2] 미국의 경우 전체 256개 상장리츠 중 약 200종목은 분기배당, 약 20~30개가 비정기 배당, 나머지 12종목이 매달 배당하는 월지급식 리츠다. 대표적인 월지급식 리츠로는 리얼티인컴, STAG인더스트리얼 등이 있다.

필자는 매달 배당하는 월지급식 리츠를 많이 권하는 편이다. 또 분기배당이라 해도 1·4·7·10월에 배당을 주는 종목과 2·5·8·11월에 배당을 주는 종목을 함께 보유하면 매월 배당을 받는 효과를 누릴 수 있으니 고려해보는 것도 좋다.

해외 상장리츠에 투자해 매달 배당받는 고객들은 월세나 월급을 받는 기분이라고 이야기한다. 매달 현금흐름 창출을 원하는 고객에게는 더할 나위 없이 좋은 투자처가 될 수 있다는 의미다. 특히 유학 간 자녀를 둔 부모에게는 월지급식 배당 리츠만큼 매력적인 종목도 없다. 증권사에서 해외주식 거래가 가능한 종합계좌를 만들고 해당 계좌에서 해외 상장리츠를 매수하면 주식을 매수한 계좌에 해외 통화로 배당금이 매달 입금된다. 증권사 계좌에서 자녀 계좌로 곧바로 송금하는 건 외국환법에 따라 불가능하지만, 본인의 증권사 계좌에서 등록(약정)된 본인 명의 은행 외화계좌로 송금한 후 자녀 명의 외화계좌로 다시 송금할 수는 있다. 유학 간 자

2 한국은 2019년 11월 기준 7개의 리츠가 상장되어 있는데, 이들 종목의 배당주기는 반기 또는 1년에 한 번이다.

녀에게는 보통 이런 식으로 송금을 진행한다. 매달 배당을 주는 월지급식 해외 상장리츠의 장점이다.

해외 상장리츠, 어떻게 투자할까

해외 상장리츠 투자에는 직접 매수하는 방법과 리츠 상장지수펀드(ETF)를 매수하는 법, 리츠 펀드를 매수하는 법 등 크게 3가지가 있다.

첫째, 해외 상장리츠 직접 매수하기

대다수의 증권사들이 해외주식 거래 서비스를 시작했기 때문에 해외 상장리츠를 직접 매수하는 일은 어렵지 않다. 해외주식 거래가 가능한 증권 계좌만 있다면 얼마든지 안방에서 커피 한잔 값으로 글로벌 부동산에 투자할 수 있고, 이렇게 투자한 건물을 관리할 필요도 없이 주식을 보유하는 것만으로 우리나라 예금이자보다 높은 배당수익을 올릴 수 있다.

심지어 필자가 근무하는 KB증권에서는 원화로 해외주식을 바로 매수할 수 있는 '글로벌 원마켓 시스템'이 있다. 보통 선 환전 후 매수인데, 매수 다음 날 자동으로 환전수수료 없이 환전을 해놓는 것이다. 또한 한국 주식을 매도하고 당일 바로 미국 주식을 매수할 수 있는 시스템도 갖췄다(일반적으로는 한국 주식을 매도하고 T(거래일)+2일의 결제일을 기다렸다가 미국 리츠를 매수한다). 이처럼 최근 국내 투자자들이 해외주식투자에 관심을 갖게 되면서 많은 증권사들이 거래하기 편리한 시스템을 속속 내놓고 있다.

해외 상장리츠 투자는 우선 해외주식이 거래되는 증권사를 통해 증권계좌에 원화를 입금하고, 해당 국가의 통화로 환전해서 리츠 주식을 매수하면 된다. 보통 투자자들이 가장 많이 거래하는 미국 상장리츠는 한국 기준 밤 11시 30분부터 새벽 6시까지 거래할 수 있다. 섬머타임 기간에는 밤 10시 30분부터 새벽 5시까지다. 그래서 미국 상장리츠는 실시간으로 매매하기보다는 낮에 예약주문을 걸어두고 거래하는 경우가 많다.

캐나다, 싱가포르, 호주 등은 해외주식을 서비스하는 증권사에서도 온라인 거래가 가능한 경우는 거의 없고, 보통 본사 데스크를 통해 전화주문으로 거래한다. 일본 주식시장은 온라인 거래가 가능한 증권사가 많아서 모바일이나 HTS 등으로도 거래가 쉽다. 특히 싱가포르, 호주, 일본은 우리나라와 시차도 크지 않아 낮에도 거래할 수 있다는 게 장점이다. 다만 캐나다는 미국과 거래시간이 비슷하기 때문에 낮에 전화해서 예약주문으로 거래한다.

투자자들이 궁금해하는 부분 중 하나는 해외 상장리츠의 과세체계다. 우선 배당금은 다른 해외주식과 마찬가지로 배당소득세

〈해외 상장리츠의 과세체계〉

국가		현지	국내	합계
미국		소득세 15%	미징수	15.0% (USD)
일본		소득세 15.315%	미징수	15.315% (JPY)
캐나다		소득세 15%	미징수	15%(CAD)
싱가포르		미징수	15%	15%(SGD)
호주		소득세 15%	미징수	15%(AUD)
중화권	상해A주	소득세 10%	소득세 4%+주민세 0.4%	14.4% (CNY)
	상해B주	소득세 10%	소득세 4%+주민세 0.4%	14.4% (USD)
	심천B주	소득세 10%	소득세 4%+주민세 0.4%	14.4% (CNY)
	심천B주	소득세 10%	소득세 4%+주민세 0.4%	14.4% (HKD)
	홍콩거래소	미징수	소득세14%+주민세 1.4%	15.4% (HKD)
	H주	소득세 10%	소득세 4%+주민세 0.4%	14.4% (HKD)
베트남		소득세 10%	소득세 4%+주민세 0.4%	14.4% (VND)

법인의 경우, 국내징수분은 법인세율에 근거하여 징수된다.

가 적용되고, 금융소득종합과세 2000만 원에 합산된다. 배당소득세의 경우 미국과 캐나다는 15%이며, 그 외 국가는 표 〈해외 상장리츠의 과세체계〉와 같다.

또한 해외 상장리츠 주식을 매도해 차액이 생긴다면 그중 250만 원 초과분에 대해 양도소득세(22%)가 적용되는 것도 일반 해외주식의 과세체계와 동일하다. 해외주식은 기본적으로 1년간 있었던 매수와 매도 등의 이익과 손실을 합산해, 순수한 손익금액 기준 250만 원 이내의 수익이 나면 비과세, 250만 원 이상 수익이 나면 수익에서 250만 원을 뺀 차액의 22%를 그다음 해 5월에 자진신고하고 자진납부하는 형태다. 보통은 증권사에서 무료로 신고대행서비스를 해준다.

예를 들어보자. 미국 상장리츠를 매도해 500만 원 이익이 났고, 일본 상장리츠에 투자해 200만 원 손실을 보고 매도를 확정지었다면 이 투자자의 양도차액은 300만 원이다. 여기서 기본공제인 250만 원을 제하고, 매수+매도 수수료를 약 10만 원으로 가정해 제하면(비용 명목으로 차액에서 제해준다) 실제 차액은 약 40만 원이다. 이 40만 원의 22%인 8만 8000원이 다음 해 5월에 납부할 세금이다. 내가 번 것에서만 깔끔하게 내면 된다. 소위 '이배사근연기(이자소득세, 배당소득세, 사업소득세, 근로소득세, 연금소득세, 기타소득세)'라 부르는 종합소득에 포함되지 않고 '분류과세'되는 것이다. 최근 고액자산가들과 금융소득종합과세 대상자들이 해외주식 직접

투자를 선호하는 이유 중 하나다.

환차익과 환차손 과세도 주요 관심사다. 거래는 해외 통화로 하는데 양도소득세는 원화로 과세되기 때문에, 환차익과 환차손 등이 정확하게 어떻게 과세되는지 문의를 많이 받는다.

우선 해외주식 양도소득세에 적용되는 과세 환율은 실제 내가 환전한 환율이 아니라 '매매기준환율'이라는 점을 기억해두자. 사례를 들어 설명하면 쉽게 이해할 수 있을 것이다. 만약 미국 상장리츠인 '리얼티인컴(티커: O US)'을 주당 100달러에 100주 매입했다고 가정해보자. 매수 취득가액은 1만 달러다. 미국 주식의 국내 결제일은 T+3일이므로 7월 1일 월요일에 매수했다면 실제 잔고 거래내역에 보이는 국내 결제일은 7월 4일 목요일이다. 7월 4일의 매매기준환율이 1000원이라고 가정하면 양도소득세 계산을 위한 취득가액은 '1만 달러×1000원=1000만 원이 된다. 이후 리얼티인컴 100주를 주당 120달러에 매도했다고 하면 매도양도가액은 1만 2000달러이고, 4일 뒤 국내 결제일 환율이 980원이라면 '1만 2000달러×980원=1176만 원'이 된다. 매도양도가액 1176만 원에서 매수취득가액 1000만 원을 뺀 수익은 176만 원이므로 기본공제 250만원 이내라 비과세다.

이 과정을 잘 살펴보면, 주식가격에서는 차익이 생겼지만 매도 시 결제일의 매매기준환율이 매수했을 때보다 낮아져 환차손이 계산에 이미 반영되어 있다는 점을 알 수 있다. "환차익이나 환차손은 별도로 과세하나요?"라는 질문에 답이 되었을 것으로 기대한다.

매도 후 과세가 확정되었지만, 내 잔고에 있는 1만 2000달러에 대해 환전 후 환차익이 발생하면 과세가 어떻게 될까? 결론부터 말하자면 비과세다.

어떻게 된 일일까? 앞의 사례를 다시 보자. 리얼티인컴 종목을 매도한 후에 들어온 1만 2000달러는 달러 예수금 상태로 잔고에 그대로 남아 있다. 절대 증권사가 먼저 원화로 환전하지 않는다(다만 KB증권 글로벌원마켓 서비스 신청자는 매도 시에 원화로 입금되므로 유의해야 한다). 1만 2000달러는 1년이건 3년이건 고객이 원하는 시점에 원화로 환전하면 된다.

누구도 환율 때문에 손해보면서까지 원화로 바꾸고 싶지는 않을 것이다. 또한 이때 실제로 환차익이 발생한다 해도 과세가 되지는 않는다. 이미 주식 매도 후 국내 결제일의 매매기준환율이 거래금액에 곱해지면서 과세는 종결된 상황이기 때문에 이후 실제 들어온 외화에 대한 환차액의 세금 문제까지 신경쓸 필요 없다.

해외주식 양도소득세의 과세체계를 이 정도만 이해하고 있어도 해외주식투자가 훨씬 쉬워진다. 과세체계를 이해하면 실제 손익과 과세 손익이 얼마든지 차이날 수 있다는 사실을 알게 되기 때문이다.

〈해외 상장리츠 투자 시 고려해야 할 세금〉

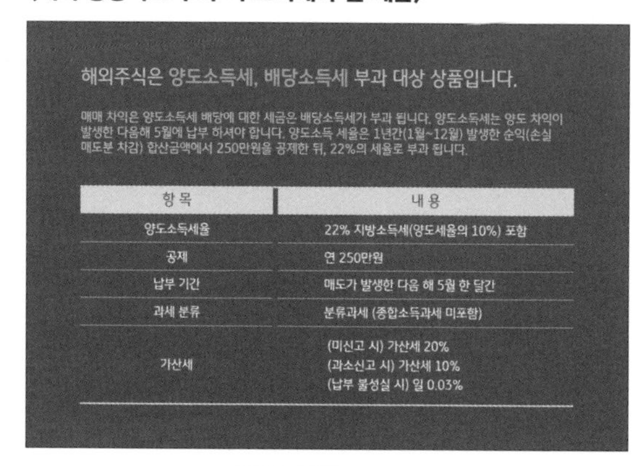

해외주식은 양도소득세, 배당소득세 부과 대상 상품입니다.

매매 차익은 양도소득세 배당에 대한 세금은 배당소득세가 부과 됩니다. 양도소득세는 양도 차익이 발생한 다음해 5월에 납부 하셔야 합니다. 양도소득 세율은 1년간(1월~12월) 발생한 순익(손실 매도분 차감) 합산금액에서 250만원을 공제한 뒤, 22%의 세율로 부과 됩니다.

항목	내용
양도소득세율	22% 지방소득세(양도세율의 10%) 포함
공제	연 250만원
납부 기간	매도가 발생한 다음 해 5월 한 달간
과세 분류	분류과세 (종합소득과세 미포함)
가산세	(미신고 시) 가산세 20% (과소신고 시) 가산세 10% (납부 불성실 시) 일 0.03%

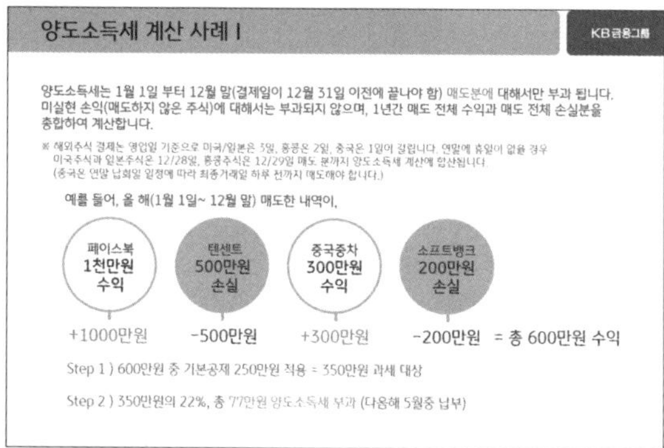

양도소득세 계산 사례 I

KB금융그룹

양도소득세는 1월 1일 부터 12월 말(결제일이 12월 31일 이전에 끝나야 함) 매도분에 대해서만 부과 됩니다.
미실현 손익(매도하지 않은 주식)에 대해서는 부과되지 않으며, 1년간 매도 전체 수익과 매도 전체 손실분을 총합하여 계산합니다.

※ 해외주식 결제는 영업일 기준으로 미국/일본은 3일, 홍콩은 2일, 중국은 1일이 걸립니다. 연말에 휴일이 없을 경우 미국주식과 일본주식은 12/28일, 홍콩주식은 12/29일 매도 분까지 양도소득세 계산에 합산됩니다.
(중국은 연말 납회일 일정에 따라 최종거래일 하루 전까지 매도해야 합니다.)

예를 들어, 올 해(1월 1일~ 12월 말) 매도한 내역이,

Step 1) 600만원 중 기본공제 250만원 적용 = 350만원 과세 대상

Step 2) 350만원의 22%, 총 77만원 양도소득세 부과 (다음해 5월중 납부)

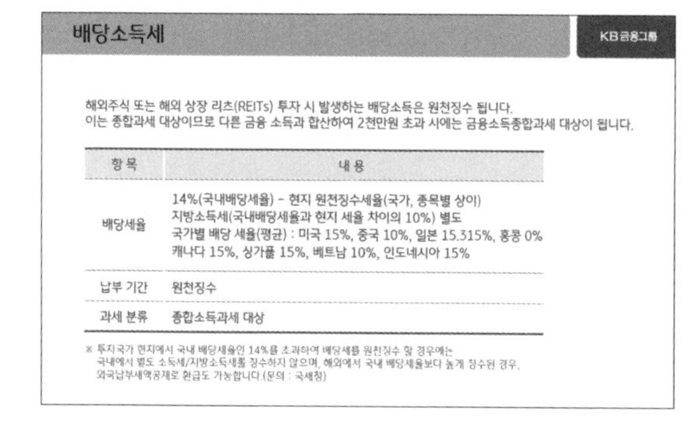

배당소득세

KB금융그룹

해외주식 또는 해외 상장 리츠(REITs) 투자 시 발생하는 배당소득은 원천징수 됩니다.
이는 종합과세 대상이므로 다른 금융 소득과 합산하여 2천만원 초과 시에는 금융소득종합과세 대상이 됩니다.

항목	내용
배당세율	14%(국내배당세율) - 현지 원천징수세율(국가, 종목별 상이) 지방소득세(국내배당세율과 현지 세율 차이의 10%) 별도 국가별 배당 세율(평균) : 미국 15%, 중국 10%, 일본 15.315%, 홍콩 0% 캐나다 15%, 싱가폴 15%, 베트남 10%, 인도네시아 15%
납부 기간	원천징수
과세 분류	종합소득과세 대상

※ 투자국가 현지에서 국내 배당세율인 14%를 초과하여 배당세를 원천징수 할 경우에는 국내에서 별도 소득세/지방소득세를 징수하지 않으며, 해외에서 국내 배당세율보다 높게 징수된 경우, 외국납부세액공제로 환급도 가능합니다.(문의 : 국세청)

(출처: KB증권)

tip. 증권사 계좌 만들기

주식투자를 하기 위해서는 우선 계좌가 있어야 한다. 계좌를 개설하는 방법은 아주 간단하다. 한국거래소 회원으로 등록된 증권회사 지점을 찾아가면 모든 곳에서 주식거래계좌 개설이 가능하다. 우리나라에는 수십 개 증권사가 있기 때문에 찾는 일은 어렵지 않다. 신용도가 높고 전산시스템이 잘 갖춰진 곳을 선택하면 된다. 지점을 찾기 어렵고 증권사에 대해 잘 모른다면, 증권사보다 지점이 많고 찾아가기도 쉬운 은행에 가서 개설할 수도 있다. 이를테면 키움증권 같은 온라인 증권사는 지점이 없기 때문에 은행에서 계좌를 개설한다.

준비물은 본인확인용 신분증과 거래인감(서명으로 대체 가능)만 있으면 된다. 내국인은 주민등록증 혹은 면허갱신기간이 지나지 않은 운전면허증, 여권, 공무원증 등을 지참해야 하며, 재외국민은 여권이나 운전면허증, 외국인은 여권이 필요하다. 거주나 비거주에 따라 구비서류가 달라지니 방문 전 해당 증권사나 은행에 문의하는 편이 좋다.

단, 국내주식은 상관없으나 해외주식(해외 상장리츠)은 비거주 외국인 및 캐나다인, 미국인(미국 국세청에 납세할 의무가 있는 자), 조세 관련 문제가 있을 수 있는 국적 보유자는 계좌 개설이 불가하기 때문에 한국 증권사를 통한 해외주식 거래는 할 수 없다.

최근에는 계좌 개설이 더 쉬워졌다. 2016년부터 투자자가 직접 증권사를 방문하지 않고도 계좌 개설이 가능한 '비대면 계좌개설'이 본격적으로 시행됐기 때문이다. 인터넷과 스마트폰에 익숙한 사용자라면 계좌 개설에 10분도 걸리지 않는다.

비대면 계좌개설을 위해서는 우선 스마트폰에 각 증권사의 비대면 계좌개설 전용 앱을 설치해야 한다. 앱을 실행하면 먼저 이름과 주민등록번호, 휴대폰번호 등을 입력하는 인증 과정을 거치고, 주소, 직장, 이메일 등 개인정보를 입력한다. 그리고 지시에 따라 신분증을 촬영하면 본인인증방식을 선택하는 화면이 나오는데, 대개 영상통화를 통한 인증이나 타 금융기관 계좌 인증 중 하나를 선택하면 된다. 계좌 인증을 선택할 경우 계좌번호를 입력하고 확인 과정을 거치면 즉시 계좌가 개설되는데, 계좌 확인을 위해 소액의 돈(1000원 이상, 1만 원 이하)을 이체해야 한다는 조건이 있다. 영상통화 인증은 해당 증권사 상담원이 영상통화를 걸어 고객의 개인정보를 확인한 후 해당 증권사가 확인 전화를 하고 계좌 개설을 마무리한다. 증권사별로 차이는 있지만 영상통화 인증은 대부분 오후 5시까지이며, 계좌 인증은 오후 11시 30분부터 오전 12시 30분까지 1시간만 제외하고 24시간 언제든 가능하다.

둘째, ETF와 ETN으로 해외 상장리츠에 분산투자하기

해외 상장리츠에 분산투자하는 방법에는 상장지수펀드(ETF)와 상장지수채권(ETN)도 있다. ETF는 'Equity Traded Fund'의 약자이며, ETN은 'Equity Traded Note'를 의미한다. ETF는 운용사에서 발행하고, ETN은 증권회사가 자기 신용을 바탕으로 발행한다고 보면 된다.

개인투자자들이 가장 많이 혼동하는 것 중 하나가 바로 '해외 ETF'다. 해외 ETF에는 두 종류가 있는데 '국내상장 해외 ETF'와 '해외상장 해외 ETF'가 그것이다. 말 그대로 한국의 코스피와 코스닥에 상장되어 거래되는 해외 ETF, 그리고 미국이나 일본 등 해외 증시에 상장되어 거래되는 해외 ETF다. 국내상장 해외 ETF와 해외상장 해외 ETF는 거래소가 어디인지, 원화로 투자하는지, 해외 통화로 환전한 후에 투자하는지로 구분하면 이해가 더 쉽다.

국내상장 해외 ETF나 ETN 중 리츠에 투자하는 대표적인 상품으로는 타이거(TIGER)미국MSCI리츠(합성H), 킨덱스(KINDEX)미국다우존스리츠(합성H), 킨덱스싱가포르리츠, 미래에셋 글로벌 리츠 ETN(H), 미래에셋 미국 리츠 ETN(H) 정도다. 이 5개 해외 ETF에 투자하는 일도 어렵지 않다. 한국 증시에 상장되어 거래되기 때문에 홈트레이딩시스템(HTS)이나 모바일트레이딩시스템(MTS)에서 종목명을 검색하면 원화로 바로 매수할 수 있다.

다만 아직 한국상장 ETF나 ETN은 거래량이 많지 않아 호가 범위가 많이 벌어지고 거래량이 적어 환금성에 문제가 생길 수 있다는 점을 유의해야 한다. 또한 배당주기도 보통 반기 또는 1년에 한 번으로 해외상장 ETF에 비해 길기 때문에, 짧은 배당주기를 원하는 투자자들에게는 적합하지 않을 수 있다.

해외 ETF에는 어떤 것이 있을까? 가장 대표적인 리츠 ETF는 미국 증시에 상장된 'VNQ US(Vanguard Real Estate ETF)'로, 미국 리츠에 투자하는 ETF 중 가장 규모가 크고 거래량이 많다. 실물경기에 가장 민감한 상업용 부동산이 약 60%의 비중을 차지하며, 무려 189개의 미국 상장리츠에 분산투자하고 있다. 상위 10개 종목

〈VNQ ETF 내 섹터 비중〉

상업용 리츠(commercial REITs)	41.40%
전문화 리츠(specialized REITs)	39.52%
주거용 전문 리츠(residential REITs)	15.03%
부동산 서비스(real estate services)	2.40%
부동산 개발 업체(real estate develop)	0.87%
다각화 리츠(diversified REITs)	0.77%
기타(ground freight & lo)	0.03%

〈VNQ ETF 보유 톱10 종목〉

아메리칸타워(AMT, Americal Tower Corporation)	6.38%
크라운캐슬(CCI, Crown Castle International Corporation)	4.04%
프롤로지스(PLD)	3.76%
에퀴닉스(EQUIX)	3.39%
사이먼프로퍼티(SPG, Simon Property Group)	3.36%
퍼블릭스토리지(PSA, Public Storage)	2.69%
웰타워(WELL)	2.57%
에쿼티레지덴셜(EQR, Equity Residential)	2.23%
아발론커뮤니티스(AVB, AvalonBay Communitis)	2.10%
SBA커뮤니케이션스(SBA Communications)	1.91%
디지털리얼티트러스트(DLR, Digital Realty Trust)	1.85%

의 비중이 약 42%를 상회하며 운용보수가 0.12%로 낮아서 장기 투자에도 적합하다. 보통 ETF의 운용보수는 연간 비용비율로 일할계산되어 별도로 수취하는 게 아니라 ETF 주가 자체에 녹아 있기 때문에 크게 신경 쓰지 않아도 되지만, 운용보수가 낮으면 낮을수록 벤치마크 인덱스를 더 잘 추종하기 때문에 괴리가 적어 투자자의 수익률에도 영향을 미친다.

가장 중요한 투자 포인트인 배당수익률은 2019년 9월 2일 기준 약 3.83%(세전)를 기록 중이며, 3개월 분기마다 달러로 배당을 지급한다. 투자방법은 해외 상장리츠를 개별 종목으로 투자할 때와 같이, 미국 달러로 환전한 다음 VNQ 코드를 찾아 매수하면 된다. 세법도 해외주식, 해외 상장리츠, 해외상장 해외 ETF가 모두 동일하다. 매매차익은 양도소득세, 배당소득은 금융소득종합과세에 적용된다.

셋째, 펀드로 해외 상장리츠 간접투자하기

해외 상장리츠에 직접 투자하기엔 자신이 없다면 가장 좋은 대안은 전문가에게 맡기는 것이다. 전문가인 펀드매니저들이 운용해주는 펀드에 투자하면 된다. 최근에는 증권사 대부분이 국내주

〈모바일로 펀드 투자하기〉

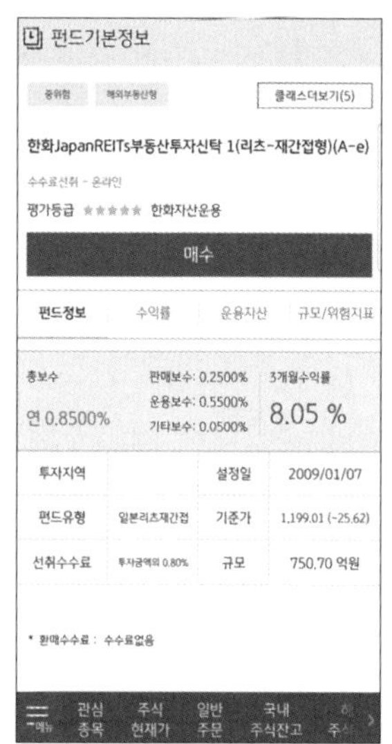

(출처: KB증권 모바일 어플리케이션 M-able 펀드 매매 화면)

식과 해외주식, 국내외 펀드, 기타 채권이나 금융상품 등을 1개 계좌로 모두 거래할 수 있는 방식을 제공하기 때문에 더 편리하다. 특히 모바일에서도 얼마든지 펀드투자가 가능하다. 펀드 매매 화면에 들어가 펀드를 검색하고, 자기 투자성향, 최근 펀드의 성과, 투자설명서를 충분히 숙지한 후 거치식(한번에 큰 금액 매수)인지 적립식인지, 투자기간은 어느 정도인지, 매수 신청금액은 얼마로 할지, 재투자 여부(배당을 재투자하느냐, 별도로 받느냐)는 어떻게 할지

〈해외 상장리츠에 투자하는 펀드〉

펀드명	설정일	설정액	유형	1개월 수익률	3개월 수익률	1년 수익률
삼성J-REITs 부동산투자신탁1 [REITs-재간접형](A)	2006. 08.30	288억 원	해외 부동산형〉 일본 리츠 재간접	3.96%	11.47%	28.98%
하나UBS글로벌리츠 부동산 투자신탁 [재간접형]종류A	2005. 05.30	316억 원	해외 부동산형〉 글로벌 리츠 재간접형	1.55%	2.84%	17.44%
한화글로벌리츠 부동산자투자신탁 (리츠-재간접형)A	2006. 03.30	244억 원	해외 부동산형〉 글로벌 리츠 재간접형	1.49%	17.83%	26.58%
한화JapanREITs 부동산 투자신탁1 (리츠-재간접형) 종류A	2010. 12.20	32억 원	해외 부동산형〉 일본 리츠 재간접형	3.45%	9.92%	26.78%
KB글로벌코어리츠 부동산자투자신탁 (재간접형)A	2019. 09.04	10억 원	해외 부동산형〉 글로벌 리츠 재간접형	1.34%	-	-

2019년 10월 10일 기준, 네이버 펀드 검색

등을 선택하면 된다.

네이버나 각종 펀드 평가사이트에서 해외 부동산 또는 리츠를 검색하면 70개가 넘는 리츠 관련 펀드를 찾아볼 수 있다. 그중 몇 개 골라보자면 삼성자산운용에서 일본 상장리츠 주식을 기반으로 운용 중인 '삼성J-REITs부동산 투자신탁 1[REITs-재간접형](A)펀드'는 최근 2020 도쿄올림픽을 앞두고 일본 오피스 및 호텔 등을 기반으로 한 리츠들의 성과가 좋아 수익률도 견조하다. 여기에는 호텔에 투자하는 '인빈서블(INVINCIBLE)'과 '오릭스 제이리츠', '인베스코 오릭스 제이리츠' 등 일본의 상장된 리츠 종목이 담겼다. 또한 하나UBS자산운용의 '하나UBS글로벌리츠부동산 투자신탁[재간접형]종류A' 펀드는 전 세계의 대표적인 글로벌 리츠 주식들을 담아 운용 중이며, 보유종목으로는 프롤로지스, 사이먼 프로퍼티스, 일본 미쓰비시 에스테이트 등이 있다.

한화자산운용에서 운용하는 '한화글로벌리츠부동산투자신탁' 펀드는 프로로지스, 웰타워, 미쓰비시 에스테이트, 에쿼티 레디덴셜 등을 보유하고 있다. KB자산운용에서도 최근 'KB글로벌코어리츠부동산자투자신탁'을 론칭했는데 아직 설정액은 적다. 펀드 내 톱10 종목은 아메리칸타워, 프롤로지스, 아메리칸캠퍼스커뮤니티, 크라운캐슬, HCP, 싱가포르 아센다스, 한국 신한알파리츠, 한국 맥쿼리인프라, 프랑스 Gecina 등을 보유했다.

또한 국내 1위 부동산자산운용사인 이지스자산운용은 글로벌 상장리츠 및 부동산 기업에 투자하는 '이지스글로벌셀렉트리츠전문투자형사모부동산 투자신탁1호'를 포함해 2개의 사모펀드를 운용한다. 1호 펀드는 총 87개 자산을 담고 있는데, 캐나다, 미국 등 북미지역이 55.2%, 아시아 29.2%, 유럽이 15.6%의 비중을 차지한다. 이지스운용은 향후 개인투자자들도 글로벌 리츠에 투자할 수 있는 공모형 상품도 선보일 계획이다.

이처럼 리츠 투자에 관심이 높아지면서 운용사들도 글로벌 리츠 시장에 투자하는 펀드를 속속 출시하고 있다. 개인투자자들이 해외 증시에 상장된 개별 리츠에 대해서는 투자정보를 제대로 파악하기 어려운 만큼, 전문가들이 운용하는 글로벌 리츠 펀드에 투자하는 것도 좋은 방법이다.

각 국가별 리츠 시장

[PART 3]

미국, 캐나다, 일본, 싱가포르, 호주 등은 성숙한 리츠 시장을 가진 리츠 선진국들이다. 전 세계에서 가장 먼저 리츠를 도입한 미국은 자산을 직접 투자·운용하는 자기관리리츠 위주라 투자전략도 적극적이다. 캐나다 리츠는 안정적인 부동산 시장 덕에 배당수익률이 높고 변동성이 안정적이며, 월지급식 배당이라는 장점이 있다. 또한 정부의 적극적인 주도로 성장한 일본 리츠 시장은 리츠 육성을 위한 정책 및 혜택이 잘 마련되어 있으며, 싱가포르 리츠 시장은 해외 자산을 적극적으로 편입하기 때문에 싱가포르 리츠를 사면 글로벌 부동산을 사는 효과가 있다. 호주 리츠 시장은 맥쿼리인프라 등 세계 유수의 인프라 펀드와 대형 리츠가 탄생한 곳으로 잘 알려져 있다.

다변화된 투자처를 가진 미국 리츠 시장

미국은 1960년 전 세계에서 가장 먼저 리츠를 도입했다. 역사가 긴 만큼 오랜 시간 동안 시행착오와 보완을 거쳐 차츰 성숙한 시시장으로 발전해 지금에 이르고 있다.

미국 리츠 시장은 제도적으로 안정되고 시장 환경이 갖춰진 1990년대부터 본격적으로 성장하기 시작했다. 제도적인 측면을 먼저 살펴보면, 1986년 미국 정부는 조세개혁법을 통해 리츠 회사가 직접 부동산을 개발하고 운영할 수 있도록 했으며 1993년에는 양도세 과세를 이연해주는 업리츠(upREITs)를 도입했다.

1980년대 말은 부동산 시장에 공급 과잉 현상이 일어나고 은행·보험사 등 전통적인 대출기관들이 부실해져 모기지 대출 리파이낸싱이 어려워진 시기다. 때문에 부동산 회사들은 상장을 통해 자금을 조달하기 시작했는데, 이를 계기로 리츠 기업공개가 활발하게 일어났다. 이 시기를 '현대 리츠 시대의 시작(the beginning of modern REITs sra)'이라 부른다.

1991년에는 '킴코 리얼티 코퍼레이션'을 시작으로 리츠 상장이 본격화되기 시작했고, 같은 해 처음으로 상장리츠 시가총액 10억 달러를 돌파했다. 이어 2000년에는 리츠를 기초자산으로 하는 상장지수펀드(ETF)인 '아이셰어즈 도 존스 US 부동산 인덱스 펀드(iShares Dow Jones U.S. Real Estate Index Fund)'가 처음 등장했고, 2001년에는 3대 지수 중 하나인 S&P500도 리츠를 편입하기 시작하는 등 리츠가 대중적인 투자상품의 하나로 자리 잡았다. 아파트 리츠인 에쿼티 레지덴셜(Equity Residential)도 2001년 11월 S&P500에 편입되었으며, 사이먼 프로퍼티(Simon Property) 등도 속속 편입되면서 월가의 관심도 높아졌다.

미국 리츠 시장은 자기관리리츠[1] 위주로 성장했다는 특징이 있다. 과거 자기관리리츠가 여러 문제를 일으켜 현재 위탁관리리츠[2] 중심으로 성장 중인 한국과는 다른 양상이다. 미국에서 자기관리리츠가 발달한 이유는 위탁 운용 시 수수료를 많이 받기 위해 리

---

1 자산운용 전문 인력을 포함해 임직원을 상근으로 두고 자산의 투자 및 운용을 직접 수행하는 실체가 있는 회사를 말한다. 현재 한국거래소에 상장된 리츠 중 케이탑리츠, 에이리츠, 모두투어리츠가 자기관리리츠다.

2 자산의 투자 및 운용을 리츠 자산관리회사에 위탁하는 명목형 회사다. 유가증권시장에 상장된 신한알파리츠와 이리츠코크렙이 위탁리츠다.

츠의 규모 확장에만 전념하는 부작용이 발생했기 때문이다. 주주가치 극대화에 위배되는 것이다. 반면 자기관리리츠는 내부운용을 통해 적극적인 부동산 투자전략을 구사하면서 개발, 건설, 운영 등으로 사업 영역을 확장하고 있다.

초창기 미국 리츠는 투자할 수 있는 자산이 많지 않아 여러 지역의 여러 자산에 투자하는 복합(diversified) 리츠가 많았다. 하지만 시장이 성장하면서 자산별·지역별로 특화된 리츠가 나타나기 시작했다. 한 예로 '워싱턴 리얼 에스테이트 인베스트먼트 트러스트'는 워싱턴 지역의 오피스·리테일·주거시설에만 투자한다. 특히 최근에는 헬스케어·임대주택 등 전문적인 자산관리능력이 필요한 분야에 특화된 리츠들이 속속 등장하고 있다. 블랙스톤이 상장시킨 '인비테이션 홈스'도 그중 하나로, 임대형 단독주택에 투자하는 리츠다.

또한 최근에는 인수합병(M&A)을 통한 대형화도 활발하게 진행되고 있다. S&P 글로벌 마켓 인텔리전스에 따르면 2018년 미국 리츠 시장의 M&A 규모는 905억 5000만 달러로 전년(355억 5000만 달러) 대비 154.7% 증가했다. 앞서 언급한 인비테이션 홈스도 상장 후 비슷한 사업을 영위하는 '스타우드 웨이포인트'와 합병하면서 초대형 임대주택 리츠로 거듭난 바 있다.

미국 리츠가 이처럼 전문화되고 대형화되는 것은 시장의 요구 때문이기도 하다. 전문화되고 규모가 커질수록 개인투자자들이 접근하기 쉽기 때문이다. 실제로 한국 상장리츠는 대부분 1물 1리츠라 규모가 작고 지속 가능성이 낮아 안정성이 떨어진다는 지적을 받기도 했다.

2019년 상반기 기준 미국 상장리츠 시장의 시가총액은 약 1000조 원을 돌파했으며, 상장된 종목만 200여 개가 넘는다. 리츠가 투자하는 분야도 오피스, 물류센터, 산업용, 리테일, 호텔, 주거시설, 데이터센터, 감옥, 대학기숙사, 헬스케어, 셀프스토리지 등 다양하다. 특히 우리나라 인구를 훨씬 웃도는 8000만 명 이상이 연금계좌(401K)를 통한 미국 상장리츠 투자로 노후에 대비하고 있다.

성과도 뛰어나다. 특히 토털리턴 인덱스 'FTSE NAREIT(FTSE Nareit All Equity REITs Total return Index)'는 주가수익률에 배당수익률을 포함한 총수익률을 뜻하는데, 이를 미국 대표지수인 S&P500과 비교하면 더욱 놀라운 결과를 볼 수 있다. 그래프에서는 2018년 기준 4.1%의 높은 배당수익률을 보여주고 있는데, 이는 S&P500 지수의 평균 배당수익률 1.9%를 2배 이상 상회하는 수치다.

아울러 미국은 전 세계 리츠 시장의 70% 이상을 차지하는데, 그만큼 리츠에 투자할 수 있는 기회가 많고 안정적인 투자 또한 가능하다.

특히 미국 리츠는 누구나 알 만한 GE, 푸르덴셜, 지멘스 등 글로벌 기업이 입주한 오피스 빌딩, 혹은 아마존이나 DHL이 입주한

〈미국 상장리츠 성과〉

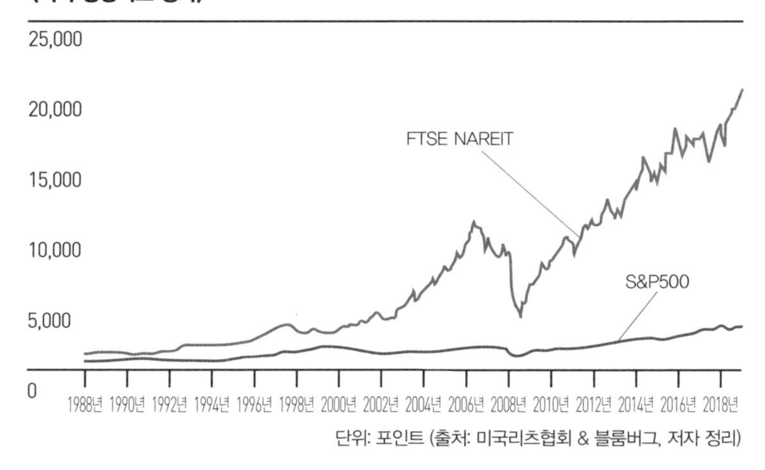

단위: 포인트 (출처: 미국리츠협회 & 블룸버그, 저자 정리)

물류센터 등 투자자들에게 친숙한 자산이 많다. 또한 개인의 선호에 따라 얼마든지 다양한 포트폴리오를 구성할 수 있을 정도로 투자처가 다변화되어 있다는 것도 큰 장점이다. 노인 요양 전문시설처럼 안정적인 임차고객이 확보된 헬스케어 리츠, 대학교 기숙사처럼 경제 사이클에 큰 영향 받지 않고 꾸준하게 수익을 올릴 수 있는 자산, 5세대 이동통신(5G)이 활성화되면서 성장성이 부각되고 있는 통신시설 전문 리츠 등 다양하다.

또 월지급식 또는 분기배당 리츠가 많아 배당 지급 시기별로 배분하여 포트폴리오를 구성하기에도 좋다. 월지급식이 아닌 분기배당 리츠도 1·4·7·10월, 2·5·8·11월처럼 지급 시기가 다른 리츠로 배분한다면 월지급식 리츠처럼 달마다 배당금을 받을 수 있다.

최근 미국 리츠 시장에도 많은 변화가 일어나고 있다. 특히 산업과 주거 시장이 변화하고 이커머스가 급성장하면서 상장리츠들의 희비가 크게 엇갈린다. 우선 이커머스의 발달은 리테일 리츠와 물류센터 리츠의 분위기를 극명하게 갈라놓았다. 미국리츠협회(NAREIT)에 따르면 리테일 리츠는 2017년 주가가 9.07% 폭락한 데 이어 2018년에도 9.64%나 떨어졌다. 시세차익과 배당수익을 합한 토털 리턴도 2017년 -4.77%, 2018년 -4.96%로 연속 마이너스 성장을 기록했다.

반면 물류센터 리츠는 2017년 주가가 16.95%나 올랐으며, 토털 리턴은 20.58%였다. 다만 최근 주가가 많이 오른 탓인지 2018년에는 5.50% 하락했다.

오피스 리츠의 주가가 크게 떨어진 점도 눈길을 끈다. 2018년에만 17.36%나 하락했으며, 토털 리턴은 -14.50%를 기록했다. 2018년 한 해만 놓고 보면 최근 분위기가 최악인 리테일 리츠보다 수익률이 더 안 좋다. 이 같은 오피스 리츠의 추락은 산업 변화에 따른 오피스 시장의 변화 때문으로 보인다. 한 예로 최근 뉴욕 맨해튼에서는 전통적인 오피스 지구인 미드타운과 다운타운이 아닌 '허드슨 야드'가 새로운 오피스 지구로 부상하고 있다. 뉴욕 오피스 시장에서 떠오르는 임차인인 IT기업들이 허드슨 야드로 몰려들고 있어서다. 그 영향으로 뉴욕 대표 오피스 리츠인 파라마운트 그룹의 주가가 크게 떨어지기도 했다.

다만 이 같은 주가 하락이 지나친 반응이라는 의견도 있다. 실제 리츠의 경우 비상장 부동산에 투자하는 것보다 변동성이 심하다. 상장 주식인 만큼 부동산의 본질적 가치보다 미래 예측이 과도하게 반영되는 측면이 있고, 금융시장 충격에도 더 크게 영향받기 때문이다. 아울러 2018년에는 오피스 리츠 수익률이 리테일 리츠보다 부진했지만 리테일 리츠는 이미 2017년에 큰 폭으로 하락한 상태였다는 점도 고려해야 한다.

결론적으로 리츠는 개인들이 대형 부동산에 투자할 수 있는 기회를 준다는 장점, 또 유동화가 쉽다는 장점이 있지만 개인투자자들이 해외 리츠를 사는 일이 결코 간단하지만은 않다. 단기적인 접근보다는 장기적으로 투자하는 것이 바람직하며, 개별 종목 분석에는 한계가 있기 때문에 여러 리츠에 분산투자할 수 있는 펀드 등을 통해 재간접투자를 고려하는 것이 좋다.

미국과 닮은 듯 다른 캐나다 리츠 시장

일반 주식과 채권 등 전통자산을 기반으로 하는 금융시장과 마찬가지로, 북미 리츠 시장은 캐나다가 미국 다음으로 선진화되어 있다. 혹자는 리츠가 부동산을 기반으로 하기 때문에 같은 북미대륙의 미국과 캐나다 시장이 비슷할 거라 생각할 수도 있다. 물론 두 시장 간에는 유사한 부분도 존재한다. 하지만 캐나다 리츠의 역사를 거슬러올라가 보면 미국과는 시작부터 차이가 크다는 점을 알게 될 것이다.

미국은 1960년부터 리츠가 도입됐지만 캐나다는 1994년 이전까지 리츠라는 별도의 법이 마련되어 있지 않았고, 부동산 공모 개방형 펀드와 같은 종류 중 하나일 뿐이었다. 하지만 1994년 캐나다 정부가 리츠 구조를 정립하고 세제혜택을 신설하면서 공모

리츠를 활성화하기 시작했고, 1995년 3개의 상장리츠로 리츠 시장이 시작됐다. 현재는 49개 리츠가 상장되어 있으며, 규모도 시가총액 기준 약 90조 원에 달해 지난 25년간 비약적인 성장을 이뤘다.

〈캐나다 리츠 수익률 현황〉

연도	미국 주식	미국 리츠	캐나다 주식	캐나다 리츠	한국 주식
2008	**-37.0%**	**-40.6%**	**-33.0%**	**-40.4%**	**-39.7%**
2009	26.4%	26.6%	35.0%	49.9%	51.8%
2010	15.1%	26.6%	17.6%	25.2%	23.6%
2011	2.1%	6.6%	**-8.7%**	13.5%	**-9.7%**
2012	16.0%	16.7%	7.2%	15.4%	10.7%
2013	32.4%	1.3%	13.0%	**-4.0%**	2.0%
2014	13.7%	29.0%	10.5%	8.8%	-3.5%
2015	1.4%	1.9%	**-8.3%**	**-4.3%**	4.1%
2016	12.0%	6.4%	21.1%	15.8%	5.2%
2017	21.8%	2.7%	9.1%	8.6%	23.9%
2018	**-4.4%**	**-5.0%**	**-8.9%**	2.7%	**-15.4%**
2008~2018	**99.5%**	**72.2%**	**54.6%**	**91.2%**	**53.0%**
연평균 수익률	**9.0%**	**6.6%**	**5.0%**	**8.3%**	**4.8%**

수익률 현황은 배당수익률이 포함된 토털 리턴(Total Return), 현지 통화 기준

투자 대상도 다양하다. 투자 분야도 주거용, 리테일, 산업재, 오피스, 호텔, 헬스케어, 특수형[1], 복합형 등 총 8개로 구분되어 있다. 규모 기준으로는 리테일, 주거용, 복합형, 오피스, 산업재, 헬스케어, 호텔, 특수형 순이다.

특히 캐나다 리츠의 수익률을 살펴보면 매우 흥미로운 점을 발견할 수 있다. 필자가 만났던 전문투자자들조차 캐나다 리츠라고 하면 미국 중심의 북미경제권역 내 부동산을 기초자산으로 삼기 때문에 미국 리츠와 매우 유사하거나 미국 대비 수익률이 낮을 거라는 선입견이 있다. 하지만 과거 11년간의 누적수익률에서 '캐나다 리츠 인덱스(Canada REITs Index)'는 초강세장인 미국 주식과 비슷한 수준이었고 미국 리츠와 비교해도 19.0%p 이상 높은 수익률을 기록했다. 또한 미국 시장과는 다르게 캐나다 리츠는 일반 주식과 비교해도 수익률이 높았다. (안타까운 사실이지만 한국 코스피는 미국과 캐나다의 일반주식과 리츠 모두 포함해도 수익률이 가장 저조했다.)

우리가 캐나다 리츠에서 주목해야 할 부분은 바로 배당수익률과 변동성이다. 먼저 배당수익률을 살펴보면 미국 리츠 대비 약 0.6%p 높은 4.5%다. 변동성도 캐나다 리츠가 미국 리츠에 비해 확연하게 낮은 것을 확인할 수 있다. 다시 말해 최근 10년간 캐나

1 캐나다 도심에 위치한 자동차 딜러숍을 기초자산으로 하는 리츠(Honda, Acura, Porsche, 현대차, 기아차, GMC, Nissan 등)

〈국가/자산별 배당수익률 및 변동성 비교〉

구분	미국 주식	미국 리츠	캐나다 주식	캐나다 리츠	한국 주식
배당수익률	1.9	3.9	3.1	4.5	2.4
연변동성	15.0	14.9	9.4	8.7	13.4

단위: %, 연간 변동성 값과 배당수익률은 2019년 8월 31일 기준

다 리츠는 안정적 부동산 시장 덕에 안정된 고배당이 가능했기 때문에, 토털 리턴과 변동성 측면에서 미국 주식·리츠와 한국 주식 대비 매력적이라 할 수 있다. 참고로 변동성은 곧 위험이라 투자할 때 반드시 참고해야 하는 특징이며, 리츠에 투자하는 투자자들이 대부분 안정성을 중요하게 여긴다는 점에서 반드시 눈여겨봐야 한다. 그리고 캐나다 리츠의 배당 지급 주기는 월지급식이기 때문에, 월세처럼 월간 현금흐름을 창출하고자 하는 투자자라면 한번쯤 공부해볼 가치가 있는 시장이다.

인구성장 또한 캐나다 리츠를 눈여겨봐야 하는 이유다. 리츠는 부동산을 기초자산으로 활용하여 사업을 영위하는 형태다. 그렇기 때문에 인구성장은 리츠 실적과 직결되는 중요 요인이다.

2018년 캐나다는 월드뱅크에서 해마다 발표하는 국가별 인구성장률에서 1.41%를 기록해 107위에 머물렀다. 하지만 국내 투자자들이 투자대상으로 고려하는 선진 리츠 시장 기준에서 보면 1

〈2019년 캐나다 공모리츠 현황〉

구분	기업 개수	시가총액 (단위: 10억 캐나다달러)	2019년 수익률
리테일	9	34.5	19.8%
오피스	6	12.3	22.7%
주거용	9	19.2	23.8%
헬스케어	5	7.1	19.4%
산업재	5	7.9	28.5%
호텔	1	0.5	16.4%
특수형	1	0.5	21.6%
복합형	8	11.9	17.8%
전체	44	94.0	평균 21.25%

기업 개수, 시가총액, 수익률 현황은 2019년 8월 31일 기준이며 수익률은 토털 리턴 기준이다.

위인 호주(1.57%) 다음으로 높으며, 이웃한 미국(0.62%)의 두 배 이상이다.

물론 도시마다 인구유입이나 인구밀도에 차이가 있기 때문에 인구성장률이 높다고 해서 실적까지 좋다고 단언할 수는 없다. 하지만 만약 도시나 투자 섹터, 개별 리츠 등의 요인을 좀 더 세분화해 접근한다면 미국에서 찾지 못하는 투자 기회를 캐나다 리츠 시장에서 찾을 가능성도 있다. 이런 측면에서도 캐나다는 충분히 매력적인 시장이다.

주주가치 제고에 집중하는 일본 리츠 시장

필자가 만난 투자자들은 대체로 글로벌 리츠 중 일본 리츠에 관심을 보이는 경우가 많았다. 가까운 이웃나라다 보니 이해도가 높고, 시차가 없어 매매도 용이하기 때문이다. 또한 일본에는 68개(2019년 9월 말 기준)의 J-REIT가 상장돼 있어 투자 대상도 충분하다. J-REIT의 시가총액 135조 원은 도쿄 상장 2부 및 자스닥(JASDAQ) 시장의 규모와 유사한 수준이다. 한국거래소에 상장된 리츠의 총 시가총액(2조 원, 2019년 10월 말 기준)과 코스닥 시장 규모(232조 원)를 비교해보면 일본 리츠 시장의 위상이 어느 정도인지 알 수 있을 것이다. 단순히 주식시장에 미치는 영향만 큰 것이 아니다. 일본 전체 부동산 시장에서 J-REIT의 위상과 경제에 미치는 영향은 한국 리츠 시장과 비교할 수 없다.

일본 리츠 시장은 한국과 비슷한 시기인 2000년대 초반에 시작됐다. 2001년 9월 니폰 빌딩 펀드(Nippon Building Fund), 재팬 부동산 펀드(Japan Real Estate Fund) 2개의 리츠가 도쿄증권거래소에 상장된 것이 J-REIT 역사의 첫발이었다.

일본이 리츠를 도입한 이유는 버블경제 붕괴 이후 일본 건설사의 재무부담을 덜기 위해서였다. 한국도 비슷한 이유로 '기업구조조정 리츠'[1]를 도입했지만, 이후 두 시장의 격차는 크게 벌어진다. 한국은 시작 단계에서 영세한 리츠들이 주로 상장된 반면, 일본은 미쓰이 부동산이나 미쓰비시 부동산 등 내로라 하는 재벌 계열 디벨로퍼들이 주요 주주(앵커)로 참여해 상장리츠를 만들면서 J-REIT의 성장을 견인했기 때문이다. 물론 좋은 기억만 있는 것은 아니다. 2008~2009년 금융위기 당시 다수의 리츠가 합병되거나 사라지는 어려움을 겪으며 투자자들이 큰 손실을 입기도 했다.

하지만 2011년, 아베노믹스 정책이 영향력을 발휘하기 시작하며 J- REIT는 본격적으로 성장에 박차를 가하게 된다. 당시 일본 정부는 J-REIT 산업 육성을 위해 리츠의 투명성과 건전성 강화를 유도했고, 다각도로 지원책을 펼치기도 했다.

일본 정부가 사용한 육성책은 크게 3가지다. 첫째, 일본중앙은

---

1 투자자로부터 자금을 모집해 구조조정 대상 기업의 부동산이나 관련 증권에 투자하고 그 수익을 투자자에게 배당 형태로 배분하는 회사형 부동산투자신탁(리츠)

행(BOJ)이 국채를 매입하듯 매년 정기적으로 J-REIT를 사들였다. 이는 J-REIT의 성장과 유동성 공급에 기여했으며, 개인투자자들이 리츠를 안정적인 투자처로 인식할 수 있게 했다. 2018년부터 일본중앙은행은 J-REIT 매입액을 다소 줄이고 있는데, 이제는 은행의 역할이 없어도 J-REIT가 성장할 수 있는 기반이 충분히 마련됐다고 판단한 결과다.

둘째, 장기간 제로에 가깝게 유지된 일본 금리도 리츠 시장 성장을 견인했다. 특히 저금리는 글로벌 리츠 시장에서 J-REIT의 매력을 높이는 요인이었다. 일본 리츠의 평균 배당수익률은 3.9%로 글로벌 리츠와 비교해 낮은 수준이지만, 국고채 10년물 금리가 -0.2%에 불과하기 때문에 실제 배당수익률 스프레드는 4.1%p로 글로벌 최대 수준이다. 또한 저금리는 리츠가 이자 비용을 줄임으로써 주주 배당을 늘릴 수 있도록 했다. 실제로 J-REIT의 주가수익률과 주택담보대출비율(LTV)은 비례하는 모습을 보인다. 저금리 영향으로 LTV 비율이 높을수록 레버리지 효과가 확실해지고, 높은 배당률과 주가수익률로 귀결되기 때문이다.

마지막으로 '주주행동주의'를 강조하며, J-REIT를 비롯해 모든 상장 기업의 지배구조 개선과 주주 권리 증진에 관심을 갖도록 유도했다. 이 같은 사회 분위기 속에 일본 리츠는 주주가치 제고에 역량을 집중하고 있다. 특히 일본 리츠는 주식 분산 요건에 따라 5인 이하의 개인이 50% 이상 지분을 보유하는 것을 금지하고 있는

<2018년 일본 리츠 주주 구성>

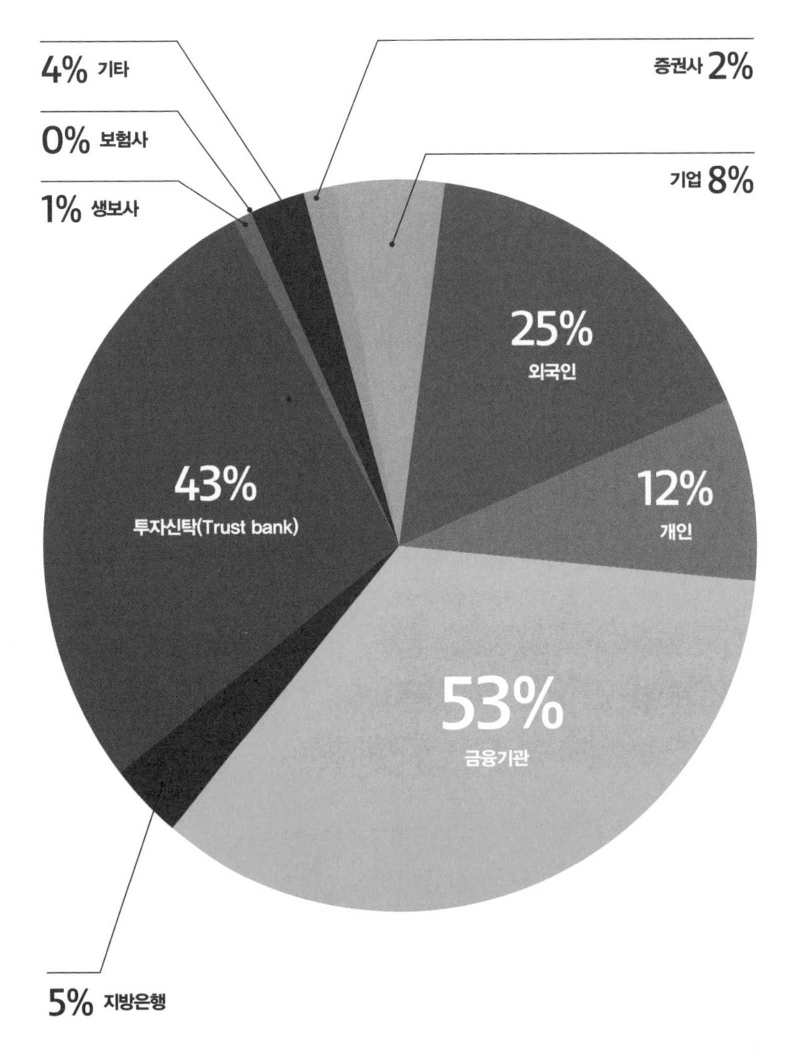

(출처: www.japan-reit.com)

데, 이는 리츠가 주주가치에 신경 쓰게 만드는 작용을 한다.

일본 리츠의 주주가치 제고 관련, 최근에 상징적인 사건이 하나 있었다. 2019년 일본 리츠 시장에서 처음으로 적대적 M&A 시도가 일어난 것이다. 일본의 '스타아시아 리츠'가 '사쿠라소고 리츠'의 자산관리회사를 '스타아시아'로 교체하고 경영진도 교체할 것을 요구한 사건인데, 사쿠라소고 리츠는 주주환원에도 소극적이었고 자산관리회사 활동으로 PBR 또한 1배를 하회하는 등 만성적인 저평가 상태였다. 한국에도 유사한 사례가 있다. 지난 2018년 플랫폼 파트너스 펀드가 맥쿼리인프라의 자산관리회사를 교체하고 보수산정체계 변경을 요구했던 일이다. 결국 2019년 초 맥쿼리인프라는 체계를 변경했고 이 과정에서 운용보수가 절감돼 주주 배당 상승여력이 높아지면서 주가가 크게 올랐다.

일본 정부의 J-REIT 육성은 현재진행형이다. 일본 국토교통성과 금융청은 부동산 시장 성숙과 금융시장 확대를 위해 2020년까지 J-REIT 육성에 적극 협력하기로 했다. 그 혜택을 구체적으로 살펴보면 △배당소득세(외국인 15%, 내국인 20%)의 과세표준을 리츠 투자 손실액만큼 하향 조정 △리츠의 부동산 유통세(거래세) 감면 △지방은행들의 리츠 투자 수익은 본업에서 발생한 수익으로 인정 △리츠 자산 매각이익의 내부 유보 허용 등이다. 참고로 한국 리츠는 자산 매각이익이 발생할 경우 모두 배당해야 법인세 감면

혜택을 받는다.

이 같은 정부 정책에 힘입어 J-REIT는 일본 국민의 대표 투자상품으로 자리매김했다. 현재 J-REIT 투자자는 신탁은행이 43%로 가장 큰 비중을 차지하고 있는데, 펀드를 통해 리츠에 투자하는 구조라 실제 투자 주체는 개인이다. 개인이 개별 리츠의 가치를 평가하고 매수하기 어렵기 때문에 전문운용사에 위탁해 J-REIT에 투자하는 것이다. 특히 개인의 장기자금이 주로 운용되는 'NISA'[2]를 통해 매입된 자산 중에서는 신탁은행이 59%로 절대 다수를 차지한다.

참고로 일본의 부동산 간접투자기구는 사모펀드와 J-REIT가 있다. 해외 부동산은 대부분 사모펀드를 통해 투자되며, J-REIT는 일본 부동산 시장에서 양질의 물건에 주로 투자한다.

최근 일본 리츠 시장에서 일어나고 있는 또 다른 변화로는 '자산 재조정(rebalancing)'을 꼽을 수 있다. 사회구조가 변화하면서 자산 포트폴리오도 변화시켜 지속 가능한 성장 전략을 추구하는 것이다.

일본의 리테일 리츠가 대표적 사례다. 이커머스가 빠르게 성장하면서 최근 미국에서는 다수의 리테일 리츠가 고전을 면치 못하고 있다. 하지만 일본의 상위 리테일 리츠인 재팬 리테일 펀드

---

2 일본의 개인 종합자산관리계좌로, 다양한 금융상품을 통합 운영하며 비과세 혜택을 받는다.

(Japan retail fund), 프론티어(Frontier), 이온 리츠(AEON REIT), 케네딕스 리테일(Kenedix Retail)은 시가총액이 2018년 연간 4% 상승하는 등 견조한 흐름을 보였다.

이들의 성장을 견인한 요인은 고령화, 그리고 인바운드 관광객 증가다. 일본 리츠는 이 같은 사회변화를 전략적으로 잘 활용해 리테일 시장의 위기를 이겨내고 있다. 실제로 일본의 대형 리테일 리츠들은 2017~2018년 활발한 자산 재조정을 통해 외곽에 위치한 쇼핑몰을 매각하고 도심몰을 매수했다. 특히 재팬 리테일 펀드는 자산의 72%가 도심에 위치한 우량자산이다.

일반적으로 도심몰의 임대수익률은 외곽 쇼핑몰에 비해 낮다는 인식이 강하다. 하지만 교외 쇼핑몰의 임대수익률은 겉으로는 6%대로 높아 보이지만 감가상각비 부담이 커, 상각 후 수익률은 4%에 불과하다. 반면 도심몰의 임대수익률은 평균 4%지만 감가상각비 상각 후는 4.5%라 교외 쇼핑몰보다 오히려 낫다. 이 같은 일본의 리테일 업황과 리츠 전략은 인구구조나 사회 면에서 유사한 변화를 겪고 있는 한국에 시사하는 바가 크다.

글로벌에 투자하는 리츠를 사고 싶다면, 싱가포르 리츠 시장

S-REIT(싱가포르 리츠)는 2002년에 도입됐다. 2019년 9월 30일 기준 45개 리츠가 상장돼 있으며 시가총액은 약 90조 원이다. 싱가포르 정부는 상장리츠에만 세제 혜택을 부여하고 있어 싱가포르에서는 모든 리츠가 상장되어 있다.

S-REIT의 시가총액은 2008년부터 2018년까지 연평균 22% 성장했다. 이는 싱가포르 정부가 배당만 보장한다면 리츠에 무엇이든 담을 수 있도록 정책을 펼쳤기 때문이다. 덕분에 S-REIT는 다양한 자산을 편입하게 되어 자국 내 여러 자산에 비해 압도적인 수익률을 낼 수 있었다. 2018년 기준 S-REIT의 배당수익률은 6%로, 글로벌 리츠 중에서도 좋은 편이다.

싱가포르 주식시장에서도 S-REIT가 차지하는 비중은 매우 크다. 시가총액 비중이 10%를 넘길 정도다. 싱가포르보다 리츠 역사가 훨씬 길지만 주식시장에서 리츠 비중이 2~3% 정도에 불과한 미국과 대조적이다. 이처럼 싱가포르 리츠가 글로벌 시장에서도 돋보이는 성장을 이룰 수 있었던 배경은 무엇일까?

우선 S-REIT는 광범위한 해외 자산에 투자한다는 특징이 있다. 싱가포르 정부는 작은 도시국가라는 특성을 고려해 리츠의 해외 부동산 투자 규제를 완화했고, 덕분에 리츠 산업 고도화가 가능했다. 현재 S-REIT의 80%가 호주, 중국, 유럽 등 해외 자산을 편입하고 있으며, 리츠 자산 총액 또한 25% 정도가 해외 자산이다. S-REIT를 사면 글로벌 부동산을 사는 효과를 누릴 수 있는 셈이다.

이처럼 해외 부동산 편입 비중이 높고 리츠 종류가 다양하다는 점 때문에 최근 국내에서도 S-REIT를 기초자산으로 한 상장지수펀드(ETF)가 등장했다. 2019년 초 한국투자신탁운용이 선보인 '킨덱스(KINDEX) 싱가포르리츠(A316300)'가 국내 최초 싱가포르 리츠 ETF다.

S-REIT의 또 다른 특징은 신뢰할 수 있는 정부 관련 기관이나 국부펀드가 참여한다는 점이다. 사실 싱가포르는 정부 차원에서 S-REIT 투자 활성화를 위해 특별히 노력한 케이스는 아니다. 다만 싱가포르 공적기관이 도시개발과 부동산 금융산업을 주도한 것처럼, S-REIT도 정부 관계 기업이 리츠의 강력한 앵커(주요 주주)가 되어 믿을 만한 리츠를 공급함으로써 리츠 성장을 견인했다. 정부

〈싱가포르 리츠의 해외투자〉

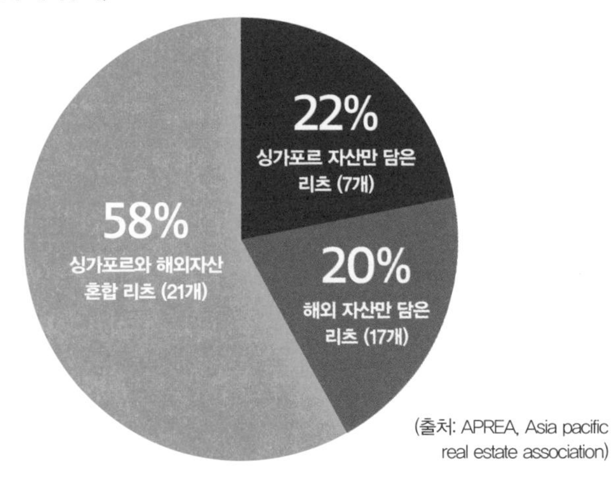

(출처: APREA, Asia pacific real estate association)

주도 하에 신뢰도 높은 리츠가 다수 상장하면서, 한국으로 치면 삼성전자 같은 주식이 싱가포르에서는 리츠 섹터에 있게 된 것이다. 자연히 리츠에 대한 국민들의 신뢰가 높다.

대표적인 사례가 '아센다스 리츠(ASCENDAS REIT)'다. 앵커는 아시아태평양 지역 최대 디벨로퍼인 '아센다스-싱브리지'인데, 국부펀드 '테마섹'과 산업통상부 산하 국영기업인 JTC(산단개발공사)가 51:49의 지분율로 합병해 탄생시킨 곳이다. 아센다스 싱브리지는 아센다스 리츠에 자산을 공급할 뿐 아니라 투자와 자금 조달, 계열 자산관리회사 설립을 통한 관리 운영까지 맡고 있다. 이렇게 든든한 자본과 공신력을 갖춘 앵커 덕에 아센다스 리츠는 우량 리츠 중에서도 첫손에 꼽힌다. 참고로 아센다스-싱브리지는 최근 싱가포르를 대표하는 또 다른 디벨로퍼인 캐피탈랜드에 인수되면서, 양사가 앵커로 참여하는 리츠에 대한 합병 절차가 진행 중이다.

국부펀드의 지속적인 리츠 투자 또한 S-REIT에 유동성을 공급하고 성장을 견인했다. 아시아 4위 국부펀드인 싱가포르투자청(GIC)은 전 세계 국부펀드와 연기금 중에서도 가장 빠르게 부동산을 포트폴리오에 편입했는데, 앞서 언급했듯 작은 도시국가의 특성상 해외 부동산을 편입해야 할 필요성이 높았기 때문이다. GIC는 1994년 미국을 시작으로 해외투자에 발을 디뎠으며, 이후 유럽 등 선진국에 진출해 지금은 30여 국에 투자하고 있다. 한국 투자는 2000년 서울파이낸스센터를 매입하며 시작했는데, 이후 물류센터, 임대주택 등 다양한 자산에 투자하면서 국내 상업용 부동산 시장의 큰손으로 활약하고 있다.

S-REIT의 또 다른 특징 중 하나는 산업용(industrial) 리츠 비중이 높다는 점이다. 산업용 리츠의 시가총액 비중이 26%로 S-REIT 주요 섹터 중 가장 높고, 운용자산(AUM) 비중은 24%로 오피스와 비슷한 수준이다. 이는 싱가포르가 국토면적의 한계를 돌파하기 위해 꾸준히 매립과 항만 개발로 산업단지를 발전시켜 왔기 때문이다. 한 예로 메이플트리 리츠(Mapletree REIT)는 물류가 중요한 싱가포르에서 항만과 물류시설을 개발·관리하기 위해 싱가포르 항만청(PSA)이 앵커가 되어 설립한 리츠다. 따라서 싱가포르 산업

용 리츠를 매수하려 한다면 산업용 부동산 시장의 현황을 파악하는 것이 중요하다. 싱가포르 산업용 부동산 시장은 향후 3년간 약 320만㎡의 공급이 예정돼 있는데, 이는 기존 재고의 6.5%에 해당할 정도로 큰 규모를 자랑한다.

현재 싱가포르 리츠 시장의 화두는 활발한 M&A다. 2018년 ESR 리츠(ESR-REIT)와 비바 산업용 부동산 신탁(Viva Industrial Trust)이 싱가포르 4위 규모의 산업용 리츠가 되기 위해 합병계획을 발표한 것이 시작이었다. 이어 2019년 5월 OUE 커머셜(OUE Commercial) 리츠가 OUE 호스피탈리티 신탁(OUE Hospitality trust) 인수를 합의했다. 이로써 합병법인은 운용자산 68억 싱가포르달러를 보유한 싱가포르 9위 리츠가 되었다. 이번 사례는 자산군이 다른 리츠 간 첫 번째 합병으로, 최대 규모의 복합 리츠를 탄생시켰다. OUE 합병을 추진한 요인 중 하나도 이 같은 대형화를 통해 인덱스에 포함될 수 있다는 점이었다.

최근의 가장 큰 이슈는 앞서 잠시 언급한 '최대 규모 앵커' 캐피탈랜드와 아센다스-싱브리지의 합병이었다. 2019년 7월 캐피탈랜드가 테마섹이 보유한 아센다스-싱브리지의 지분을 110억 싱가포르달러(부채 포함)에 인수한 것이다. 이 M&A로 아시아 최대 규모(1160억 싱가포르달러)의 다각화된 부동산 그룹이 탄생하게 되며, 합병 후 캐피탈랜드의 매출 또한 40% 이상 증가할 전망이다.

〈싱가포르 리츠 섹터별 비중〉

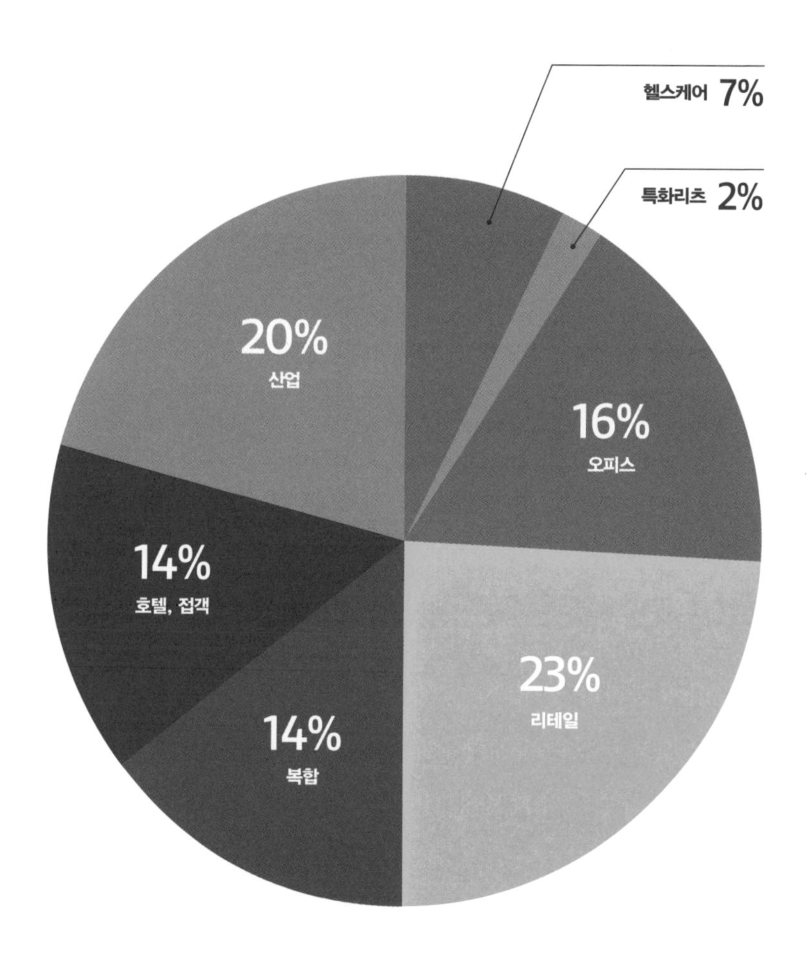

(출처: APREA)

아센다스-싱브리지의 운용자산 236억 싱가포르달러 중 80% 이상이 산업용 부동산이기 때문에, 캐피탈랜드는 섹터 다각화의 시너지도 누릴 수 있게 되었다.

앵커 간 합병에 이어, 애스콧 레지던스 신탁(ART, Ascott Residence Trust)과 아센다스 호스피탈리티 신탁(A-HTrust, Ascendas Hospitality Trust) 간 합병도 승인됐다. ART의 앵커인 캐피탈랜드가 A-HTrust의 앵커인 아센다스-싱브리지를 인수했는데, 그룹 내 숙박 리츠를 2개나 보유할 이유가 없어 합병을 결정한 것이다. 이로써 합병 리츠는 운용자산 1억 2000싱가포르달러를 웃도는 아시아 최대 규모 숙박 리츠가 되었다.

합병 효익은 무엇일까? 소규모 리츠의 건전성과 신뢰도가 높아진 점, 그리고 포트폴리오 다각화 효과가 크다는 점을 들 수 있다. 싱가포르 상장리츠 4분의 1 이상은 일 거래량이 500만 싱가포르달러에 불과하고, 40%는 100만 싱가포르달러 미만이다. 이처럼 싱가포르 리츠는 차입비율이 제한돼 있어 내재적 성장(organic growth)이 쉽지 않기 때문에, M&A는 가장 유용한 성장 방안이 될 수 있다.

이 사례들을 시작으로 싱가포르 시장에서는 더 많은 소규모 플레이어들의 합병이 이뤄질 전망이다. 정부의 강력한 통제가 효과를 보는 국가이다 보니, 시장 재편과 대형화도 상대적으로 용이할 것으로 전문가들은 내다보고 있다.

퇴직연금 시장의 성장과 함께 발달한 호주 리츠 시장

글로벌 리츠나 인프라 펀드에 투자하는 기관투자자들이 가장 많이 하는 질문은 '맥쿼리인프라 같은 리츠나 인프라 펀드가 없는가'이다. 호주 리츠 시장을 살펴보면 그 답을 찾을 수 있으리라 생각한다.

호주는 아시아-태평양 지역에서 가장 오래된 부동산 금융산업 역사를 자랑하는 나라다. 우리에게도 친숙한 맥쿼리인프라 등 세계 유수의 인프라 펀드와 대형 리츠가 탄생한 곳이기도 하다. 이처럼 부동산 금융산업이 잘 발달돼 있어 호주 국내총생산(GDP)에서 부동산 관련 산업이 차지하는 비중도 11.5%에 이른다. 시가총액 또한 2019년 9월 말 기준 약 920억 달러(미화)로 미국 다음으로 큰 규모를 자랑한다.

호주 리츠 산업은 1971년 '제너럴 자산신탁(General Property Trust)'의 상장으로 시작되었다. 리츠 제도를 도입한 이유는 일본 등 여타 국가와 크게 다르지 않다. 본격적으로 성장하던 1970년대와 달리 부동산 시장은 1990년대 들어 침체기를 맞으며 비상장 부동산 신탁회사에 대량 환매 요구가 일어났고 이들에게 상장을 권유하면서 리츠 시장이 활성화되었다. 역사가 긴 만큼 리츠 간 M&A도 활발해 개별 리츠의 규모도 큰 편이다.

투자 자산에 따른 비중을 살펴보자. 다양한 자산에 투자하는 복합 리츠 35%, 리테일 31%, 산업 20%, 오피스 13% 순으로 특히 리테일 자산이 많이 편입돼 있다. 싱가포르와 마찬가지로 호주 리츠도 '웨스트필드 시드니(Westfiled Sydney)'나 '스톡핸드 허비 베이 쇼핑센터'처럼 우량하고 접근성이 좋으며 투자자들이 이해하기 쉬운 상징적인 부동산에 주로 투자한다. 특히 호주 상장리츠 1위 규모를 자랑하는 '센터 그룹'은 호주와 뉴질랜드에서 40여 개 쇼핑센터를 투자·운용하고 있으며 호주 전체 증시에서도 13번째로 규모가 크다. 42개의 쇼핑센터를 담고 있는 대형 리츠인 '스톡랜드 리츠'도 있다.

리츠의 기초자산이 되는 호주 상업용 부동산 시장은 해외투자자 비중이 무려 46%에 이르는 글로벌 주요 시장이다. 이같이 역동적인 부동산 거래 유동성은 개별 리츠가 자산을 매각하거나 매수하기에 좋은 환경을 만들어준다.

호주 리츠를 설명하려면 퇴직연금 시장의 성장을 빼놓을 수 없다. 호주 리츠의 발전에 가장 중요한 역할을 한 것이 바로 퇴직연금 시장이다. '슈퍼애뉴에이션(Superannuation)'이라 불리는 호주의 기금형 퇴직연금 제도는 고용주가 근로자 연봉의 9%를 퇴직연금으로 적립하도록 강제하는 제도다. 호주는 가입자에게 5가지 퇴직연금 종류를 제시하고 연금 간 경쟁구도를 조성해 수익률 제고를 유도했다.

2018년 말 기준 호주 퇴직연금 펀드 규모는 총 2조 8000억 호주달러로 호주 총 금융자산의 90%를 차지하고 있다. 호주 주식시장 수요처 중 퇴직연금이 차지하는 비중도 30%에 달한다. 특히 호주는 퇴직연금 시장을 성장시키기 위해 리츠와 인프라 펀드의 규제를 완화했고 연기금의 리츠 투자 제한도 개선했다. 그 결과 2018년 말 기준 호주 전체 증시에서 호주 리츠 비중이 8.4%에 달할 정도로 리츠가 증시에서 차지하는 위상이 커졌다. 또한 2019년 5월 기준 호주 퇴직연금 자산배분에서도 리츠 3%, 인프라와 비상장 부동산 12%로 부동산 관련 자산 비중이 15%나 된다.

호주 퇴직연금의 우수한 수익률은 연 수익률 1~2%대에 그치는 한국 퇴직연금과 자주 비교되곤 한다. 호주 퇴직연금이 이처럼 뛰어난 성과를 거둔 것은 인플레이션을 반영해 가격이 형성되는 실물자산, 그리고 꾸준한 배당 매력을 지닌 리츠에 투자를 확대함으로써 안정적으로 자산을 운용하기 위해 노력한 결과다.

〈호주 퇴직연금의 자산 배분〉

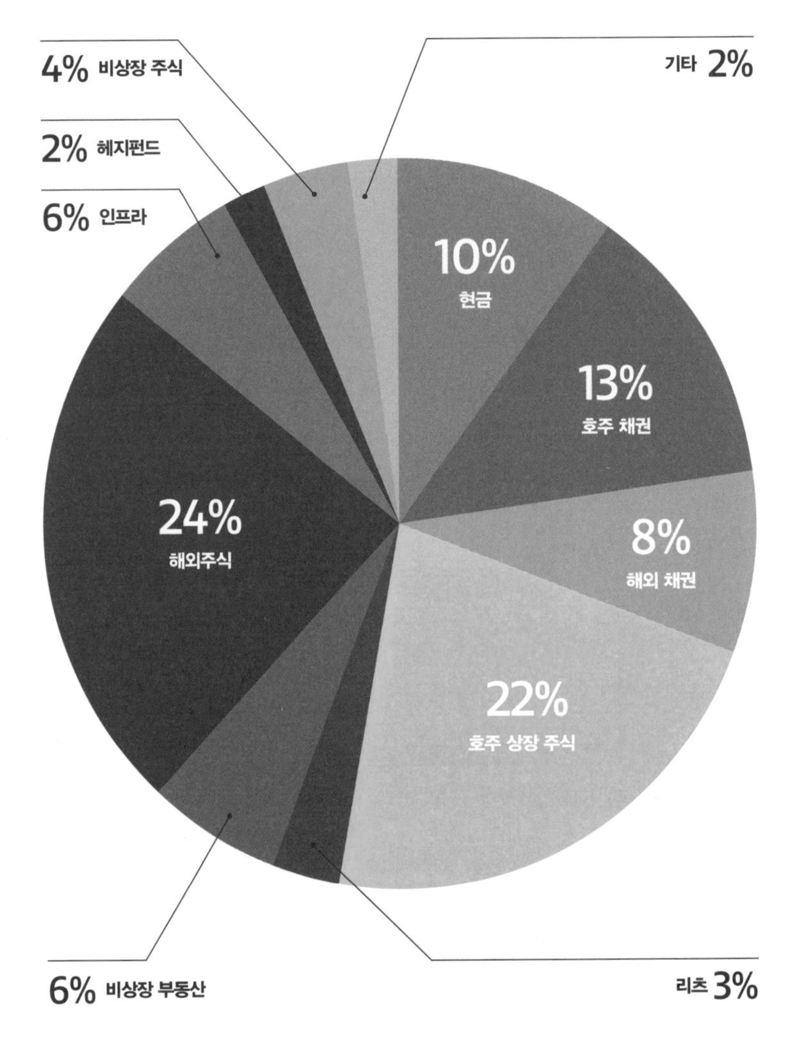

(출처: www.suatralianssuper.com, 슈퍼애뉴에이션 홈페이지)

전 세계적으로 오피스나 리테일 리츠의 하락세가 눈에 띄지만, 호주 리츠 시장에서는 아직까지 크게 걱정할 필요는 없을 듯하다. 2019년 9월, 호주중앙은행(RBA)은 6월과 7월에 이어 세 번째로 정책금리를 인하해 결국 '0%대' 정책금리에 들어섰다. 호주 주요 도시인 멜버른과 시드니의 오피스는 자본환원율(cap rate) 5%대를 유지하고 있으나 금리가 하락한 덕에 실제 배당 매력은 더욱 커지고 있다. 또한 2018년 말 시드니와 멜버른 도심지역의 프라임급 오피스 공실률이 각각 4.6%, 6.3%로 최근 10년간 최저치를 기록하기도 했다.

자산별로 살펴보면, 호주는 역량 있는 리츠 자산관리회사들이 리테일 매장의 폐쇄 및 통합 등으로 자산가치를 방어하고 있다. 덕분에 아직까지 할인 백화점 외에는 큰 타격이 없다. 도심지역의 프라임 리테일 자산 또한 인바운드 관광객이 꾸준히 증가하는 덕에 수익이 양호해, 대부분 국가에서 리테일 리츠에 대한 우려가 커지고 있는 것과는 사뭇 다른 양상을 보인다.

일본부터 미국까지, 해외 리츠 종목별로 살펴보기

[PART 4]

선진 리츠 시장의 특색이 다른 만큼, 각국 리츠의 종목에도 특징이 있다. 미국에서는 최근 이커머스가 성장하며 수요가 폭증한 물류센터 리츠와 5G시대 주목받는 데이터센터 리츠를 주목할 만하고, 캐나다 리츠 시장에서는 임대주택 리츠와 헬스케어 리츠가 눈에 띄며, 2020년 도쿄 하계 올림픽과 2025년 오사카 엑스포가 개최되는 일본에서는 오피스 리츠와 호텔 리츠를 눈여겨볼 필요가 있다.

싱가포르 리츠 시장은 호텔, 오피스, 데이터센터까지 그 종목이 다양하며, 전 세계 상업용 부동산 시장에서 가장 뜨거운 관심을 받는 자산인 물류센터도 빼놓을 수 없다. 호주 리츠 시장은 사회 인프라 시설에 투자하는 리츠, 농장과 펍에 투자하는 리츠 등이 특징적이다.

미국 리츠 : 물류센터부터 월지급식 리츠, 데이터센터까지

미국 최대 물류센터 리츠 '프롤로지스'

Amazonization! 모든 것이 아마존화된다는 말에서 알 수 있듯, 최근 아마존을 필두로 한 이커머스 시장이 전 세계에서 폭발적으로 성장하고 있다. 특히 최근 아마존은 넓은 미국 땅에서 1일 배송을 선언하면서 유통의 생태계를 변화시키기 시작했다. 보통 미국인들은 장을 보려면 기본 30분을 운전해 마트에 가야 하는 경우가 대부분인데, 이러한 삶의 방식 자체를 바꾸고 있는 것이다. 손가락으로 몇 번만 터치하면 하루 만에 집 앞으로 가져다주는 서비스는 미국인들에겐 천지개벽 수준의 변화다.

아마존만이 아니다. 경쟁업체인 월마트와 타깃 등 주요 유통업체들도 1일 배송을 선언하고 나섰다. 이 같은 경쟁으로 1일 배송이 빠르게 보편화된다면 소비자들은 더욱 자주 이커머스를 이용하게 될 것이고, 당연히 물류센터 수요도 크게 증가할 전망이다. 실제로 최근 미국 상업용 부동산 시장에서는 물류센터 확보 경쟁이 치열하다. 얼마 전 아마존 물류센터 인수를 위한 입찰에서는 미국 최대 부동산 운용사인 블랙스톤과 물류센터에 주로 투자하는 프롤로지스가 최종 경쟁을 벌였는데, 역대 최고가를 써낸 블랙스톤이 낙찰되면서 큰 화제를 모았다. 물류센터 수요에 비해 공급이 부족한 만큼 전문가들은 당분간 이 같은 현상이 계속될 것으로 예측한다.

미국 리츠 중에서는 방금 언급한 프롤로지스(Prologis, 티커: PLD US)가 시장 변화의 중심에 서 있다. 프롤로지스는 미국 1위 물류센터 투자 리츠로 미국, 유럽, 아시아에 걸쳐 다양한 포트폴리오를 보유하고 있는 것이 장점이다. 참고로 프롤로지스는 2000년대 초중반부터 싱가포르투자청(GIC)과 함께 한국 물류센터 시장에도 투자했으며, 2008년 글로벌 금융위기 이후 한국 시장에서 철수하면서 투자 포트폴리오를 GIC에 넘겼다.

프롤로지스의 시가총액은 약 50조 원에 달하며, 고객 평균 입주율은 96.8%로 공실이 거의 없다. 2019년 9월 2일 종가 기준 배당수익률은 2.46%로, 분기(3개월)마다 배당을 지급한다. 특히 최근

〈프롤로지스 리츠의 주당 분기별 배당금 증가 추이〉

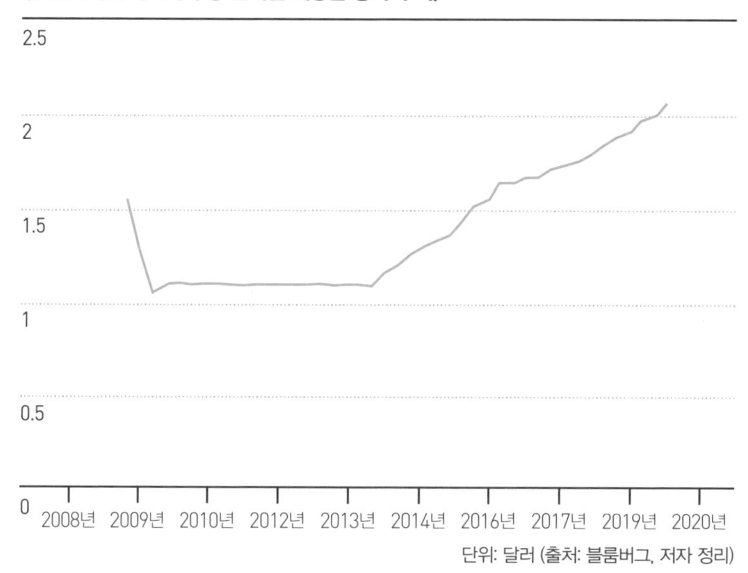

단위: 달러 (출처: 블룸버그, 저자 정리)

〈프롤로지스 국가별 매출 추이〉

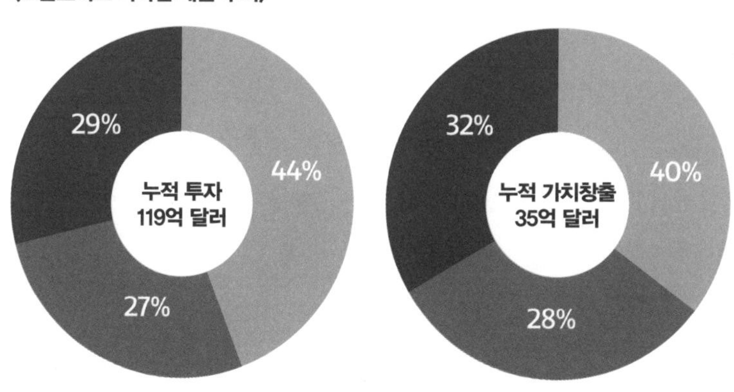

가치창출 이익

미국 26.5% 유럽 30.3% 아시아 33.7%

(출처: 프롤로지스 IR자료)

10년 동안 매해 배당금을 올리고 있다는 점이 긍정적이다. 2009년부터 2013년까지 약 5년간 1년에 주당 1.12달러의 배당을 지급했고, 2014년 1.20달러, 2015년 1.40달러를 지급하는 등 분기마다 지속적으로 상향하면서 2019년 현재는 분기 2.07달러까지 배당금을 끌어올렸다.

프롤로지스는 전 세계적으로 물류센터를 포함하여 약 3771개의 산업용 시설을 보유하고 있다. 아마존을 비롯해 DHL, 페덱스, 홈디포 등 굵직한 임차인들이 포진해 있으며, 한국의 LG그룹도 상위 20위 임차고객사에 포함되어 있다. 최근에는 미국 위주의 수익 구조에서 탈피해 해외 매출 비중을 높이는 다각화 전략을 추구하는 중이다.

앞서 언급했듯, 이커머스 산업이 고속성장하면서 미국 물류시설은 수년째 수요 대비 공급이 부족한 상황이다. 2012년부터 2019년 상반기까지 7년간 공급 성장률이 수요 성장률을 넘지 못했을 정도다. 특히 유통·운송 업체들은 교통이 유리한 입지에 물류 시설을 확보하는 것이 중요한데, 프롤로지스는 이에 발맞춰 연안 지역, 인근에 철도가 갖춰져 있는 지역을 중심으로 포트폴리오를 재구성하고 있다. 교통 중심지의 물류센터를 다수 확보한 덕분에 임대료 상승세도 지속될 것으로 예상되며, 수익과 성장성에도 도움이 될 것으로 보인다.

필자는 프롤로지스에 접근할 때 배당수익을 노리는 배당주로 보기보다는 아마존, 알파벳(구글) 등과 같은 성장주로 봐야 한다고 생각한다. 2018년 아마존의 총 매출은 약 260조 원인데, 이는 미국 전체 리테일 소비의 4~5%에 불과하다. 하지만 이 5%라는 숫자가 이커머스 성장과 함께 전체 리테일 소비의 50%로 변모할 때, 프롤로지스도 아마존과 함께 밝은 미래를 그리게 될 것이다. 프롤로지스의 성장 가능성에 주목해야 하는 이유다.

미국 최대 월지급식 리테일 종합 리츠 '리얼티인컴'

'월 배당 회사(The Monthly Dividend Company).' 리얼티인컴(RealtyIncome, 티커: O US)의 회사 로고에는 이 같은 글귀가 박혀 있다. 월 배당을 지급하는 리츠라는 사실에 큰 자부심을 갖고 있음이 엿보인다.

미국에는 다수의 월지급 배당 리츠가 있지만, 리얼티인컴은 그중에서도 가장 오랜 역사와 가장 큰 규모를 자랑한다. 미국의 대표적인 리테일 리츠이기도 한 리얼티인컴은 하와이를 제외한 미국 49개 주와 푸에르토리코 부동산에 분산투자한다. 편의점, 약국, 헬스케어, 영화관, 패스트푸드 등 다양한 섹터의 고객사를 보유하고 있으며, 임차인 또한 5800여 개에 달한다. 특히 상위 20위권에는 월그린스, 페덱스, 달러제너럴, 세븐일레븐, 월마트, CVS약국, 홈디포, 라이드에이드 등 누구나 알 만한 기업이 이름을 올리고 있다.

평균 임차계약기간 또한 약 9.2년으로, 상당히 안정적인 장기계약을 확보하고 있다. 특히 포트폴리오 관리에서 공실 최소화를 최우선으로 삼고 있어서, 투자하는 임대 자산의 면적은 작은 편이지만 1996년 이후 임차율은 단 한 번도 96% 이하로 떨어진 적이 없다. 심지어 2008~2009년 리먼브라더스 사태 때도 낮은 공실률을 유지했다. 현재까지도 2019년 10월 1일 기준 98.3%의 높은 입주율을 기록하고 있으며, 시가총액은 약 25조 원 규모, 배당수익률은 2019년 10월 1일 종가 기준 세전 3.51%(매월 배당)으로 높게 나타난다.

리얼티인컴의 가장 큰 매력은 배당금을 월세처럼 안정적으로 지급하는 리츠라는 점이다. 증권사에 종합위탁계좌를 만들면, 리얼티인컴을 매수한 그 계좌에 매달 정해진 날마다 세후 배당을 달러로 입금해준다. 물론 한-미 조세협약에 따라 세전 총 배당금에서 15%를 원천징수한 후 나머지 85%의 세후 배당이 입금된다.

리얼티인컴은 1994년 뉴욕 증시에 상장한 이후 연평균(복리) 수익률이 16.9%에 달하며, 586개월 연속 배당을 꾸준히 지급했을 정도로 장기적인 성과 또한 인정받고 있다. 또한 상장 후 23년 중 1년을 빼고는 22년간 배당을 계속 증가시켜 왔다.

5G시대 대표 통신시설 리츠 '아메리칸타워'

'5세대 이동통신(5G) 시대.'

웬 슬로건이냐고? 필자는 미국 라스베이거스에서 열린 2019 CES 가전박람회에 다녀올 기회가 있었는데, 입구부터 모든 전시장을 가득 메운 단어가 바로 이 '5G'였다. 더 많은 데이터를 더 빨리 전송해주는 최첨단 기술인 5G는 사물인터넷(IoT), 스마트홈, 음성명령, 인공지능(AI), 자율주행, 스트리밍 서비스 등 다양한 4차 산업기술을 활성화시킬 핵심 기술로 꼽힌다. 최근에는 5G기술이 활성화되고 무제한 데이터 요금제가 보편화되면서 전 세계 모바일 데이터 소비량도 기하급수적으로 늘어나기 시작했다.

5G 시장의 성장으로 수혜를 받는 기업은 어디가 될까. 삼성전자나 SK텔레콤 같은 IT기업들도 물론 실적 개선에 도움을 받을 것이다. 하지만 리츠 시장에도 기대할 만한 곳이 있다. 바로 통신시설에 투자하는 리츠다. 미국 뉴욕 증시에도 통신시설에 투자하는 리츠가 다수 상장되어 있는데, 대표종목이 바로 '아메리칸타워(American Tower, 티커: AMT US)'다.

1995년 설립된 아메리칸타워의 시가총액은 2019년 10월 1일 종가 기준 112조 원 규모다. 현재 미국에 있는 약 4만 1000개를 비롯해 전 세계에 총 17만 개가 넘는 통신시설을 확보하고 있다.

아메리칸타워의 사업구조는 단순하다. 특정 지역에 통신탑을 세우고, 그 통신탑 안에 들어가는 통신 설비 기기를 임차고객에게 임대하는 임대업 비즈니스다. 1개 통신탑에 최대 3개의 통신업체까지 임차고객 확보가 가능하다는 점이 큰 매력이다. 1개 통신탑에 1개 임차고객을 받았을 때는 영업이익률이 40%인데, 2명이 들어올 경우 74%, 3명일 경우 83%까지 급격하게 수익성이 올라간다. 쉽게 말해 원룸에는 세입자 한 명밖에 못 받지만, 아메리칸타워는 같은 면적에 3명의 세입자를 동시에 받아 월세수익을 3배로 받는다는 뜻이다.

주요 고객사는 버라이존, AT&T, 스프린트, T-모바일 등 미국을 대표하는 통신사업자들이다. 한국은 KT나 SKT, LG유플러스 같은 통신사들이 직접 통신탑이나 중계기 등을 매입하고 설치해 인프라를 갖추지만 미국 통신사들은 다르다. 워낙 땅이 넓기 때문에 직접 땅을 매입해 통신탑을 짓고 시설유지 보수에 인력 관리까지 하자면 비용이 지나치게 많이 든다. 그래서 아메리칸타워처럼 통신시설에 투자하는 리츠가 그 역할을 대신하는 것이다. 5G도 마찬가지다. 통신사들은 아메리칸타워가 확보한 통신탑을 통해 5G 관련 인프라를 제공한다. 5G 시대가 개막하면서 아메리칸타워 같은 리츠가 더욱 주목받는 이유다.

현재 아메리칸타워의 배당수익률은 1.63%(2019년 10월 1일 종가 기준, 분기배당) 수준으로 높은 편은 아니지만 이는 최근의 단기 주가 상승 때문이다. 향후 5G로 촉발된 데이터 폭증, 이를 커버하기 위한 통신시설의 활성화 및 성장성을 생각해본다면 장기적으로 봤을 때 성장 가능성이 충분한 리츠다.

데이터센터 대표 리츠, '에퀴닉스'와 '디지털 리얼티 트러스트'

'클라우드 퍼스트(Cloud First)!'

아마존 분기 영업이익의 약 75%를 차지하는 사업부, 5년 이상 헤매던 마이크로소프트를 미국 시가총액 1위 기업으로 탈바꿈시킨 사업부, 구글이 사활을 건 사업부. 바로 '클라우드'다.

클라우드와 데이터센터 수요는 앞으로도 지속적으로 늘어날 전망이다. 데이터 창출과 저장 분야는 175ZB, 빅데이터 및 분석 시장은 260B, 글로벌 사물인터넷 지출은 1조 달러 이상, AI는 2023년까지 1조 2000억 달러 이상 규모가 될 것으로 예상되기 때문이다.

최근 대부분의 대기업이나 법인은 늘어나는 데이터 사용량과 관리비용을 감당하기 어려워지자 단기에 IT인프라를 갖출 수 있는 데이터센터 아웃소싱을 선호하게 되었다. 오는 2027년까지 기업 자체 소유 데이터센터의 80%가 사라질 것이라는 전망까지 나온다. 실제로 최근 대한항공은 회사 내 모든 IT인프라를 클라우드로 전면 전환하면서 자체 데이터센터를 폐쇄했다.

이에 따라 데이터센터 리츠들도 M&A 등 공격적인 투자를 통해 시장 확대를 준비하고 있다. 데이터센터 리츠들이 지난 4년간 M&A에 쓴 돈만 무려 2300억 달러에 달한다.

특히 에퀴닉스(Equinix, 티커: EQIX US)는 미국 소재 데이터센터 임대 전문 리츠로 2019년 상반기 기준 미국 87개, 중동·유럽 73개, 아시아-태평양 41개 등 총 200여 개의 데이터센터를 기반으로 임대업을 영위하고 있다. 데이터센터 공간의 전력, 냉방설비, 전용회선, 배전 등을 임대해주고 임차료를 받는 사업이다. 주요 고객사는 아마존웹서비스, 마이크로소프트, 버라이즌, AT&T 등이며, 최근에는 미국의 대표 통신사인 버라이즌의 데이터센터를 인수해 시장을 놀라게 하기도 했다.

시가총액은 2019년 10월 1일 기준 약 51조 원이며, 주가는 1주당 569달러(약 59만 원)로 배당수익률은 세전 1.70%, 분기마다 배당을 지급하고 있다. 최근 삼성SDS와 협력해 마포에 첫 데이터센터를 개소한다는 소식이 알려지면서 관심을 끌기도 했다.

디지털 리얼티 트러스트(Digital Realty Trust, 티커: DLR US)도 미국 증시를 대표하는 데이터센터 투자 리츠다. 이 회사는 미국 주요 IT기업과 실리콘밸리가 위치한 샌프란시스코에서 2004년 설립됐으며, 현재 싱가포르, 호주, 일본, 홍콩, 한국 등 전 세계 40여

개 도시에서 215개의 데이터센터를 운영하면서 2000개가 넘는 임차고객사를 확보하고 있다. 주요 임차인은 페이스북, IBM, 오라클, 이퀴닉스, 링크드인, 우버, AT&T 등 세계적인 IT기업들이다. 2019년 10월 1일 종가 기준 시가총액은 약 28조 원, 배당수익률은 3.38%(분기배당)을 기록 중이다. 2019년 7월에는 서울 마포구 상암 DMC에 서울시로부터 2만 2000여㎡의 택지를 매입해 10층 규모의 데이터센터를 구축할 계획이라고 발표하기도 했다.

밝혔다시피 필자는 클라우드 전 세계 1위인 아마존닷컴을 유망종목으로 꼽는다. 물류센터 리츠 프롤로지스를 아마존닷컴과 묶거나, 데이터센터 리츠인 에퀴닉스 혹은 디지털 리얼티 트러스트를 아마존닷컴과 함께, 아니면 통신시설 대표 리츠 아메리칸타워를 묶어 알파벳(구글)과 투자하는 것도 좋은 아이디어다.

세일즈앤리스백 리츠 '글로벌 넷 리스'

최근 전 세계 부동산 시장의 트렌드 중 하나가 바로 '세일즈 앤리스백(sales and leaseback)'이다. 내가 확보하고 있는 건물을 매수자에게 팔자마자 매수자와 바로 월세계약을 맺고 임차해서 쓰는 형태를 뜻한다. 매수자 입장에서는 안정적인 임차고객이 바로 확보되고, 매도자 입장에서는 부동산 매각자금을 빨리 확보할 수 있을 뿐 아니라 이사할 필요 없이 월세만 내고 기존 건물을 그대로 사용할 수 있다는 장점이 있다.

글로벌 넷 리스(Global Net Lease, 티커: GNL US)는 세일즈앤리스백을 표방하는 리츠다. 글로벌 넷 리스는 미국과 유럽 7개국의 300여 개 부동산에 투자하고 있으며, 세전 연 11.10%의 배당수익률(2019년 10월 1일 종가 기준)을 보이며 분기마다 배당(3개월)을 지급한다. 시가총액은 약 2조 원 규모이며 일평균 거래량 또한 52만 주로 활발하다. 입주율은 99.5%이며, 평균 임차만기 계약기간은 8.1년을 유지 중이다.

보유한 자산 비중은 미국 56%(약 270개), 유럽 44%(약 74개)다. 특히 유럽 자산 포트폴리오는 S&P의 국가부채신용등급 기준 AA(더블에이) 이상의 높은 신용등급을 가진 룩셈부르크, 독일, 네덜란드, 핀란드, 영국, 프랑스 부동산 위주로 구성되어 있다. 전체 보유자산 중 56%가 오피스 빌딩이며, 공장을 비롯한 산업용 시설과 기타 부동산이 약 35%, 슈퍼마켓 또는 일반 리테일 스토어가 약 9%를 차지한다. 최근에는 리테일 비중을 줄이고 안정적인 오피스 빌딩과 산업용 시설 위주로 포트폴리오를 재편하는 중이다. 매출액 기준 상위 임차인은 페덱스, 핀란드에어, ING뱅크, RWE, 펜스케(PENSKE), 하퍼콜린스(HarperCollins) 등이다.

글로벌 넷 리스의 매력 중 하나는 향후 5년 내에 만기가 도래하는 임차고객 비율이 전체 고객의 2% 수준으로 낮다는 점이다. 앞서 언급한 것처럼 남아 있는 임차계약기간은 평균 약 8.1년이며, 2024년까지 만기가 도래하는 고객도 전체의 21.9% 정도다. 건물주의 가장 큰 고민 중 하나가 바로 임차인 관리인데, 글로벌 넷 리스는 당분간 임차인에 대해서는 크게 걱정하지 않아도 된다는 이야기다. 임차인 관리 리스크가 낮으니 안정적인 임대료 수익을 통한 꾸준하고 안정적인 배당도 가능하다.

다만 최근 금융이자 비용이 높아지고 있으며, 벌어들이는 수익 대비 배당 지급이 높은 수준이라 향후 이 부분을 어떻게 헤쳐나갈지 지속적으로 모니터링할 필요가 있다. 또한 시가총액(약 2조 원)이 앞서 소개한 대표 리츠들에 비해 적고, 변동성 리스크가 있다는 점도 유의해야 한다.

글로벌 대표 헬스케어·요양시설 리츠 '벤타스'

미국은 노인을 위한 인프라가 잘 갖춰진 나라로, 헬스케어나 요양시설에 투자하는 리츠도 많다. 그중에서도 '벤타스(Ventas, 티커: VTR US)'는 미국 리츠 시장을 대표하는 헬스케어 리츠다. 1998년에 설립된 벤타스는 주로 헬스케어 시설이나 바이오 연구시설에 투자하며, 미국을 비롯한 전 세계에 약 1200여 개의 관련 시설을 보유하고 있다.

시니어 주택 운영과 NNN, MOB 등 요양시설 및 양로시설에 대한 임차 비즈니스 비중이 56%로 가장 높고, 최근 새로운 성장동력으로 떠오른 의료사무실 사업이 약 19%를 차지한다. 벤타스는 특히 이 의료사무실 사업에 큰 기대를 걸고 있다.

벤타스는 최근 대학과 벤처기업 등 다양한 의료연구시설을 먼저 확보하여 비즈니스 연관도가 높은 임차고객을 얻는 데 집중하고 있다. 이미 미국 33개 주에 약 300개가 넘는 연구시설을 확보하여 월세수익을 올리고 있으며, 최근에는 워싱턴 대학, 펜실베이니아 대학, 피츠버그 대학, 브라운 대학, 듀크 대학 등 미국 내 유명한 대학에 바이오 연구시설을 제공하면서 임대수익도 안정적으로 올리고 있다. 요양시설 및 병원, 혹은 재활 관련 시설에만 투자하는 여타 헬스케어 리츠와 달리 투자 대상을 다변화했다는 점이 돋보인다. 시가총액은 2019년 10월 1일 기준 약 29조 원이며, 배당수익률은 세전 4.37%(분기배당)로 나타난다.

'오메가헬스케어(Omega Healthcare Investors, 티커: OHI US)'는 미국의 요양보호시설 전문 투자 리츠다. 오메가헬스케어는 미국 전역 42개 주 약 900곳의 전문 장기 간병요양원 및 노인 요양시설을 운영한다. 또한 68개의 요양전문업체에 부동산을 임대해주고

〈벤타스의 포트폴리오 구성〉

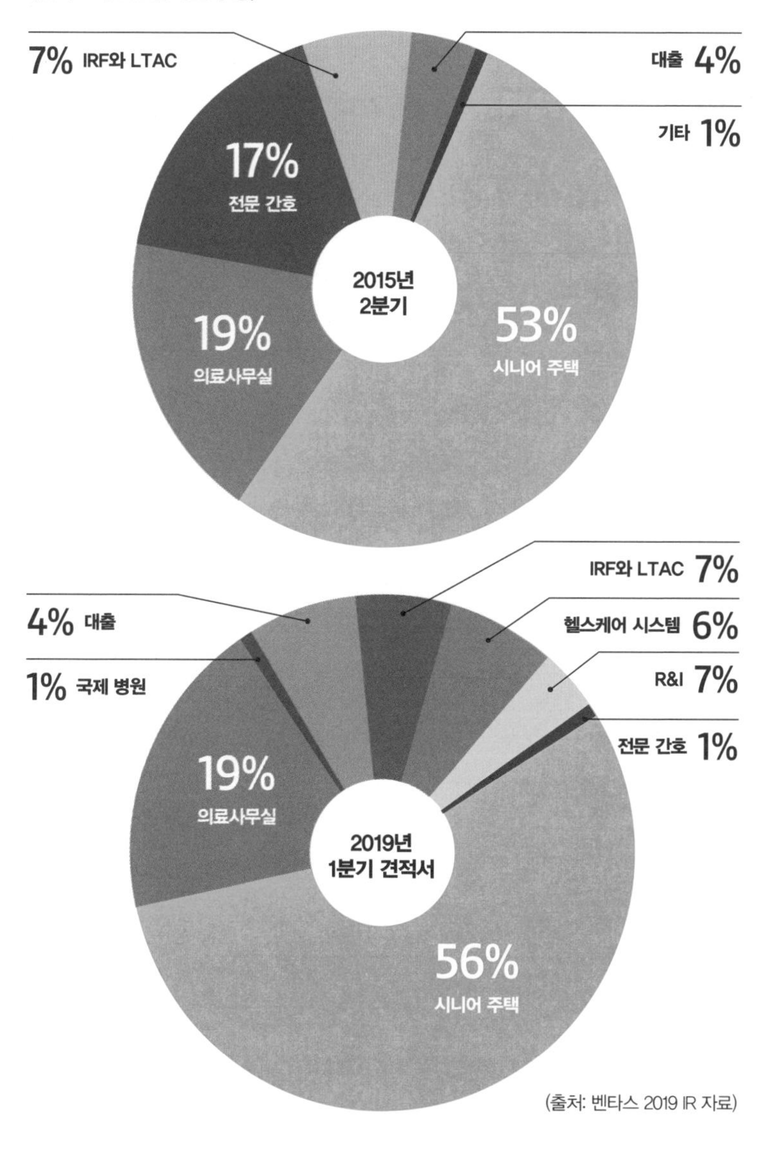

(출처: 벤타스 2019 IR 자료)

매월 임대료 수익을 받아 주주들에게 배당을 지급한다.

필자는 오메가헬스케어를 성장주라고 생각한다. 미국에서도 65세 이상 노령인구가 계속 늘어나고 있기 때문이다. 2020년 미국의 65~75세 노령인구는 전체의 약 31.8%를 차지할 전망이며, 이 증가세는 2030년까지 지속될 것으로 예상된다. 오메가헬스케어의 지속적인 성장에 도움이 될 것임은 물론이다.

미국의 병상 수 제한 법안(CON restrictions)도 호재다. 미국 정부는 병상 수를 경쟁적으로 늘려서 병원의 재정적자가 쌓이거나 환자에게 병원비 부담이 전가되는 것을 방지하기 위해, 병원의 병상 수를 제한하는 법안을 몇 십 년째 유지하고 있다. 미국에는 65세 이상의 노령층을 요양보호해주는 24시간 시설인 SNF(Skilled Nursing Facilities, 전문요양보호시설)가 있는데, 병상 수 제한 법안은 바로 이 SNF 병상 수가 기하급수적으로 늘어나는 것을 제한한다. 말하자면 SNF의 공급이 제한적이라는 이야기인데, 노령인구나 치료가 필요한 인구 및 수요는 지속적으로 늘어나고 있어 공급이 못 따라가는 실정이다. 그런데 오메가헬스케어는 독점력을 가지고 안정적으로 SNF 수를 확보하고 있으며, 미국 리츠 중 가장 많은 SNF를 보유하고 있다. 이 부분이 바로 오메가헬스케어의 투자 메리트다.

안정적인 임차인이 있다는 점도 매력적이다. 오는 2027년까지 임대차계약기간이 만료되는 임차인은 전체의 10%도 되지 않는다. 또한 2003년 이후 16년 동안 꾸준히 배당을 증가시켜 왔으며, 금융위기가 있었던 2007~2009년에도 배당을 계속 늘렸다는 사실도 큰 장점이다. 2019년 10월 1일 기준 오메가헬스케어의 시가총액은 약 9조 원 규모이며, 배당수익률은 세전 6.40%, 배당은 분기마다(3개월 단위) 지급한다.

미국 대학 기숙사에 투자하는 '아메리칸 캠퍼스 커뮤니티'

한국과 달리 미국은 대학교 기숙사를 학교가 직접 운영하지 않고 리츠가 투자해 운영한다. 그중에서도 대표적인 대학교 기숙사 리츠는 '아메리칸 캠퍼스 커뮤니티(American Campus Community, 티커: ACC US)'다. 아메리칸 캠퍼스 커뮤니티는 애리조나 대학, 텍사스 대학, 드렉셀 대학, 노던애리조나 대학, 미시간 대학, 켄터키 대학 등의 기숙사를 담고 있으며, 이들 상위 10개 임차대학이 전체 임대수익의 약 42.6%를 차지한다. 평균 입주율은 97.6%이며, 14년 동안 입주율과 매출 모두 안정적으로 유지시켜 왔다. 특히 교육 관련 시설인 만큼 경기침체나 금융위기에도 크게 흔들리지 않는 안정성이 돋보인다. 다른 대형 리츠보다 성장 가능성은 다소 낮을 수 있지만, 교육에 바탕을 두기 때문에 큰 변동성이 없다는 점이 장점이다.

2004년 상장 당시 기업 가치는 약 3500억 원이었지만 현재는 10조 원으로 증가했으며, 임차고객은 12개 대학에서 68개 대학으로 늘었다. 보유 부동산 또한 16개에서 171개로, 침대 수는 1만 1773개에서 10만 9400개로 증가하는 등 꾸준한 성장세를 보이고 있다. 2019년 10월 1일 기준 시가총액은 약 7조 원 규모이고, 배당수익률은 세전 4.00%로 분기마다 배당을 지급하고 있다.

미국 대표 오피스 빌딩 리츠 '보스턴 프로퍼티스'

보스턴 프로퍼티스(Boston Properties, 티커: BXP US)는 뉴욕, 보스턴, 샌프란시스코, LA 등 미국 주요 대도시의 오피스 시장 위주로 임대 비즈니스를 영위하고 있는 대표적인 업체다. 지역 배분은 보스톤 32.3%, 뉴욕 27.6%, 샌프란시스코 20.4%, 워싱턴DC 16.1%, LA 3.6% 순이고, 주요도심업무지구에 자산의 78.5%가 집중되어 있다.

고객사의 영위 산업군을 살펴보면 미디어·테크 24%, 법률서비스·로펌 21%, 금융서비스업 17%, 정부 및 국가기관 3%, 리테일 7%, 상업 및 IB 8% 등으로 다양하다.

상위 20개 임차고객으로는 미국의 대표 CRM 업체인 세일스포스닷컴, 미국 정부, 미국 대표 바이오 기업인 바이오젠, IT기업 구글, 오피스 공유업체 위워크, 미국 대표 은행인 뱅크오브아메리카 등이 있고, 이들 20개 고객이 전체 임차수익의 약 26.66%를 내준다.

2019년 10월 1일 기준 시가총액은 약 23조 원이며, 배당수익률은 세전 2.95%(분기배당)를 지급하고 있다. 93.4%의 입주율을 유지하는 중이며, 평균 임차계약기간은 7.9년, 보유자산은 약 193개다. 미국의 가장 대표적인 주요 도심지구 오피스 전문 리츠로서의 강점을 자랑한다.

캐나다 리츠 : 임대주택에서 헬스케어 리츠까지

캐나다 공모리츠와 역사를 함께한 대표주 '리오캔 리츠'

캐나다 공모리츠의 역사는 1994년 캐나다 부동산 투자신탁(Canadian Real Estate Investment Trust), 리얼펀드(RealFund), 그리고 리오캔 리츠(RioCan Real Estate Investment Trust, 티커: REI-U CN)가 캐나다 증시에 데뷔하면서 시작되었다. 하지만 리얼펀드는 1999년 리오캔 리츠에, 캐나다 부동산 투자신탁은 2018년 초이스 부동산 투자신탁(Choice Properties Real Estate Investment Trust)에 각각 인수되면서 캐나다 공모리츠의 산증인은 리오캔 리츠만 남고 모두 사라졌다. 말하자면 리오캔 리츠의 역사는 지난 25년간 캐나다 상업용 부동산 시장의 흐름을 엿볼 수 있는 열쇠다.

리오캔 리츠는 1993년 소매업을 특화로 한 리테일 리츠로 시작했다. 현재는 자산 기준 약 14조 원 수준의 230개 상업용 부동산을 보유하고 있어 캐나다 리츠 시장을 대표하는 3대 리츠 중 하나가 되었다. 특히 상장 이후 15년 동안 연간 약 16%씩 자산규모를 키웠는데도 5~7% 수준의 시가배당률을 꾸준히 유지하면서 시가총액 8조 원 수준으로 성장했다는 점이 인상적이다.

이러한 성장 배경에는 창립자이자 현재 CEO인 에드워드 선샤인(Edward Sonshine)이 있다. 그는 캐나다 리츠 시장에 성공적인 적대적 M&A와 해외시장 진출 선례를 남긴 부동산업계의 지략가다. 필자의 견해로는 미국의 대표적인 투자가로 워렌 버핏이 있다면 캐나다 리츠업계에는 이 사람이 있지 않나 싶다.

1999년 리얼펀드 인수가 에드워드 선샤인의 대표적인 투자 사례다. 리오캔 리츠는 이 인수에 성공하면서 단숨에 자산규모를 2배로 끌어올렸고, 글로벌 금융위기 이후 2010년에는 미국 북동부 지역과 텍사스 주를 중심으로 49개의 리테일 부동산을 매입하여 투자기간 약 7년 만에 막대한 자산매각차익을 거두었다. 또한 최근에는 복합형 리츠로 변모하기 위해 대형 임대주택 리츠인 보드워크 부동산 투자신탁(Boardwalk Real Estate Investment Trust)과의 전략적 제휴를 체결하는 등 지속적인 성장을 위한 포트폴리오 다변화를 놓지 않고 있다. 따라서 역사와 규모뿐 아니라 경영진의

능력까지 고려했을 때, 리오캔 리츠의 성장 가능성은 충분히 주목할 필요가 있다고 생각한다.

포트폴리오 변화를 살펴보면, 전체 입주율이 현재 97.1%임에도 불구하고 상업용 부동산 시장의 빠른 변화에 적극적으로 대응하는 점이 눈에 띈다. 특히 이커머스가 급격히 성장하자 2018년부터 교외에 있는 리테일 상업용 부동산 100개의 자산 매각을 진행하고 있으며, 여기에서 확보한 자금을 이용해 토론토를 중심으로 한 6대 주요 상업도시에서의 자산 비중을 확대하고 있다. 그 결과 주요 상업도시의 매출 비중은 2017년 75%에서 2019년 87.8%까지 확대되었고, 지금은 90% 이상을 목표로 달려가고 있다. 그뿐 아니라 토론토 광역권(Greater Toronto Area, GTA) 내 매출 비중을 현재 48.6%에서 50% 이상으로 확대하여 토론토에 집중하는 포트폴리오 재조정을 진행 중이다. 참고로 리오캔 리츠의 GTA 지역 내 매출 비중은 이미 경쟁사들 수준(24.6%) 대비 월등히 높다.

지역별 자산 비중의 변화 외에도 리오캔 리츠는 2만 세대에 달하는 41개 임대아파트와 콘도 등의 프로젝트 개발을 계획하고 있다. 그중 2700세대 임대아파트는 이미 공사 중이고 2100세대는 2021년까지 공급할 예정이다. 만약 모든 프로젝트가 계획대로 진행된다면, 리오캔 리츠는 리테일 리츠가 아닌 복합형 리츠로 완벽하게 변모할 것이다.

리오캔 리츠는 왜 포트폴리오를 변화시키고자 했을까? 먼저 캐나다 수도 토론토가 있는 온타리오 주에 주목할 필요가 있다. 온타리오 주의 인구성장률은 캐나다에서 가장 높은 수준인 1.8%를 기록하고 있는데, 이러한 인구성장은 상업용 부동산의 임대료 상승과도 상관관계가 높아 향후 동사의 실적 전망에도 큰 도움이 된다.

그렇다면 이 인구성장의 배경은 무엇이며, 과연 중장기적으로 봤을 때 지속 가능할까? IT업계 동향에 밝은 투자자라면 최근 토론토를 중심으로 제2의 실리콘밸리가 형성되고 있다는 사실을 알 것이다. 우리는 이미 4차 산업혁명 시대에 진입했고, 이를 준비하는 글로벌 IT기업들도 미래 먹거리 쟁탈전을 위하여 제2의 본사 또는 주요 거점기지를 전 세계 주요 지역에 설립하고 있다. 이때 지역 선정 기준으로 중요하게 고려되는 요소가 바로 수준 높은 인력과 인건비다.

이런 점에서 토론토는 매력적인 시장이다. 이민 규제가 강화되고 있는 미국과 다르게 캐나다 정부는 IT 기술자 유치에 열심인 데다 개방적인 이민정책을 펼치고 있고, IT 인력시장 또한 정부와 대학 주도하에 투자가 이뤄진 덕에 그 수준이 높다. 게다가 임금은 실리콘밸리의 절반 정도다.

이에 글로벌 IT기업들은 이미 속속 토론토에 진출하고 있다. 반도체 업체 인텔은 토론토에 그래픽칩 설계 사무소를 열겠다고 발표했고, 우버도 이곳에 엔지니어링 허브를 개소했다. 말하자면 이미 인구 유입이 가시화된 상황이며, 이에 따른 의식주 구매 증가

〈리오캔 리츠 자산 포트폴리오 현황〉

주요 시장에서의 수익률

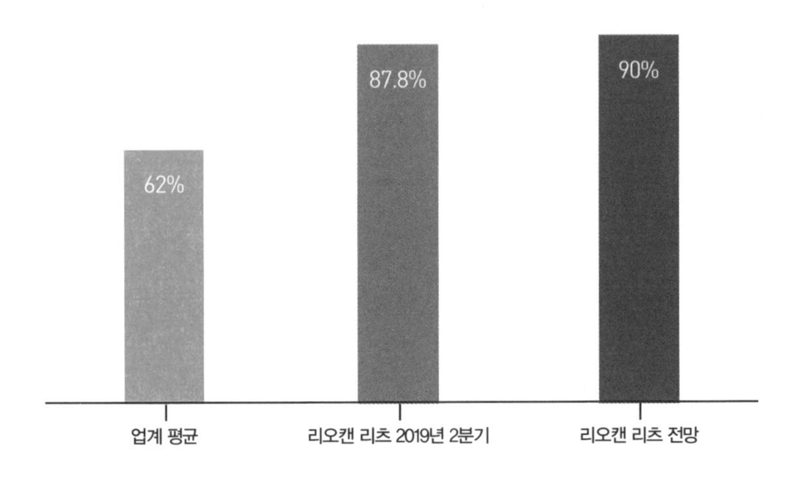

GTA에서의 수익률

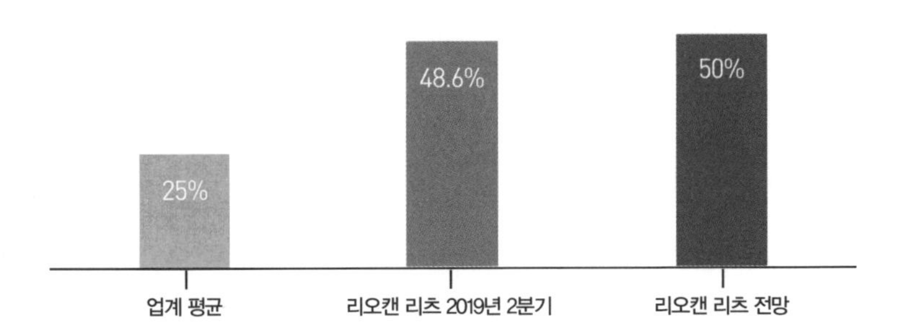

는 현재 리오캔 리츠가 영위하는 리테일 섹터에 직접적인 수혜로 이어질 것이다. 이는 단기가 아닌 중장기적 성장을 이끌 것으로 예상된다.

캐나다 임대주택 리츠의 대장주 'CAPREIT'

투자자와 미팅하다 보면 캐나다의 인구밀도에 대한 질문을 자주 받는다. 방대한 영토에 비해 인구는 턱없이 적으니, 부동산은 인구가 몰리는 지역에서 자산가치가 상승할 가능성이 높다는 점을 고려했을 때 우려가 되는 것도 무리는 아니다. 하지만 캐나다 전체 인구밀도가 낮다 하더라도 크게 걱정할 필요는 없다. 우리가 투자하는 캐나다 리츠들은 부동산 가격과 임대료가 상승할 확률이 높은 곳, 즉 인구밀도가 높은 도시에 집중 투자하기 때문이다. 토론토, 밴쿠버, 몬트리올이 대표적이다.

캐나다 임대주택 리츠의 대장주로 불리는 'CAPREIT(Canadian Apartment Properties Real Estate Investment Trust, 티커: CAR-U CN)'도 바로 이러한 지역에 주로 투자하고 있다. 1997년에 설립된 CAPREIT는 캐나다 주거용 섹터 리츠 가운데 가장 오랜 역사를 자랑하며, 사명에서도 알 수 있듯 캐나다 전역의 주요 도시 중심지에 위치한 아파트에 투자한다. 포트폴리오는 주로 공공 편의시설 근처에 위치한 아파트와 타운하우스로 구성되어 있으며, 중급 및 고급 주거시장을 투자대상으로 삼는다. 2019년 현재 5만 869개의 주거단위를 소유하고 있는데, 세부적으로는 아파트 4만 4277개, 주거용 스위트와 32개의 제조주택 커뮤니티가 있다. 6592개의 토지 임대 땅도 있는데, 이 땅은 말하자면 임대아파트다.

지역별로는 온타리오, 퀘벡, BC, 앨버타, 노바스코샤, 서스캐처원, 프린스에드워드 섬, 뉴브런즈윅, 네덜란드 등에 투자하고 있으며, 매출 대부분은 토론토와 몬트리올에 위치한 자산에서 발생한다. 따라서 앞서 설명한 토론토의 제2실리콘밸리 형성은 인구증가 → 임대주택 수요 증가 → 공실률 하락 → 임대료 상승으로 이어져 실적에도 긍정적인 영향을 끼칠 것으로 전망된다. 실제로 2019년 토론토 임대주택의 공실률은 1.1%로 최저 수준을 기록했고, 임대료도 3~5%씩 꾸준히 상승하고 있다.

이를 바탕으로 CAPREIT는 안정적인 성장과 배당이라는 두 마리 토끼를 모두 잡을 수 있었다. 자연공실률에 가까운 높은 입주율을 유지하는 동시에 임대료 상승을 통한 배당성장전략으로 투자자에게 신뢰를 줄 수 있었고, 그 결과 기업가치 상승과 외형성장이 계속되고 있다. 시가총액도 8조 원 수준까지 성장했고, 주가는 주당 55.7캐나다달러다. 시가 배당수익률 또한 2.44% 수준으로 안정적이다(2019년 8월 31일 기준). 배당은 매월 시행한다.

해외 자산 투자도 진행한다. CAPREIT는 2019년 8월 1일 '유러피안 레지덴셜 부동산투자신탁(ERES, European Residential Real Estate Investment Trust)'를 약 1억 6400만 유로에 인수했다. 이 유럽 리츠는 네덜란드 7개 도시에 위치한 총 942개의 주거용 스위트로 구성된 18개 아파트를 소유하고 있는데, 포트폴리오 전체 입주율이 98% 수준이라 임대수익도 안정적이다. 이는 캐나다 리츠가 유럽 리츠를 인수한 첫 사례로, CAREIT에게는 유럽 임대주택 시장에 진출할 수 있는 발판이 되었다.

이처럼 CAREIT는 포트폴리오의 지역별 분산을 통해 리스크를 관리하고 있어, 앞으로 한층 더 안정적인 수익을 창출할 가능성이 있다.

캐나다 최대 규모의 헬스케어 리츠 '차트웰'

2019년 6월 미국 리츠 기업들과의 미팅에서 흥미로운 점을 발견했다. 리츠의 역사나 시장 규모, 거래 활성화 등 여러 면에서 전 세계를 이끌고 있는 미국 리츠 시장이 헬스케어 섹터에서만큼은 유독 캐나다 시장을 의식하고 있다는 점이다. 시장 규모도 미국의 10분의 1 수준에 불과한데, 미국이 자국 시장과 캐나다 헬스케어 리츠 시장을 굳이 비교하는 이유가 무엇일까.

바로 성장성 때문이다. 캐나다는 향후 20년 동안 75~85세 인구의 증가율이 나머지 연령대 인구 증가율의 3~4배에 이를 것으로 전망된다. 또한 헬스케어 리츠의 주요 수익원인 시니어 주택의 경우 국가가 입주금을 지원해주기 때문에 미국에 비해 높은 입주율을 안정적으로 유지하고 있다. 국가보조금이 지원되니 은퇴자 부담이 낮아 인기가 매우 높고, 입주를 위한 대기 기간도 무척 길다. 덕분에 국가보조금 지원 대상이 아닌 고급형 시니어 주택 서비스에 대한 수요도 증가하고 있고, 장기 간호, 개별 지원 등과 같은 추가 서비스 구매력도 미국보다 높다.

이 시장을 알기 위해서는 '차트웰(CHARTWELL RETIREMENT RESIDENCES, 티커: CSH-U CN)' 리츠를 살펴볼 필요가 있다. 차트웰 리츠는 캐나다 헬스케어 리츠 시장의 핵심산업인 시니어 주택의 선두주자로, 독립 지원에서 생활 보조, 장기 간호에 이르기까지 지역사회를 수용하는 모든 범위의 실버산업 관련시설을 간접적으로 소유하고 운영한다. 현재 캐나다 노인 생활 관련 사업에는 4개 주 약 200개의 은퇴 커뮤니티가 있는데, 차트웰 리츠가 가장 큰 사업자다.

차트웰 리츠는 2003년 JBG 매니지먼트(JBG Management Inc.), 알럿 케어 조합(Alert Care Corporation), 차트웰 케어 조합(Chartwell Care Corporation) 3개 회사의 합병으로 설립되었다. 초기에는 차

트웰 시니어 주택 부동산 투자신탁(Chartwell Seniors Housing Real Estate Investment Trus)이라는 사명으로 시작했으나 2012년 현재의 사명으로 변경해 지금까지 이어져 오고 있다.

차트웰 리츠는 온타리오(53%), 퀘백(30%), 브리티시 컬럼비아(9%), 앨버타(8%) 주 전역에 2만 5000여 개의 시설을 보유하고 있다. 또한 4개 주에서 시장점유율 1위를 차지하고 있어 인지율 또한 높아, 헬스케어 리츠 가운데서도 입주율이 상대적으로 좋은 90.7%를 기록하고 있다.

설립 이후 은퇴 및 노인인구 증가에 힘입어 실적을 안정적으로 성장시켜 왔다는 점도 매력적이다. 2011년 이후 매출과 이익성장률도 연평균 3~5% 수준을 유지하고 있다. 배당금도 2014년 이후 연간 2% 이상 성장이 지속되고 있어 투자자들도 신뢰한다. 규모 또한 캐나다 리츠 중 일곱 번째로, 헬스케어 섹터에서 가장 큰 회사라는 점도 눈여겨볼 만하다.

오늘날 노인들은 그 어느 때보다 부유하며, 자신이 이용할 수 있는 다양한 은퇴 생활 옵션 및 서비스에 대해 많은 정보를 요구하고 있다. 따라서 은퇴 노인들에 대한 복지서비스가 발달한 캐나다야말로 헬스케어 리츠에 투자하기 최적의 국가라 할 수 있다. 인구 고령화 수혜를 입을 수 있는 리츠를 찾는다면 차트웰 리츠를 알아보는 것도 좋은 선택이다.

현재 시가총액은 약 2조 8000억 원 수준이며, 주가는 주당 14.6

캐나다달러다. 시가 배당수익률은 4.07% 수준으로 안정적인 배당수익률을 유지하고 있다(2019년 8월 31일 기준). 배당은 매월 시행한다.

일본 리츠 : 안정적인 오피스부터 호텔까지

일본 오피스 리츠의 대장주 '니폰빌딩'

일본 오피스 시장은 2017년 하반기부터 제2의 호황기를 맞았다. 금융위기 이전인 2007~2008년에는 강세장을 경험했지만 최근에는 일본 내 야근 철폐, 외국인 근로자 채용 확대 등의 정책으로 근로환경이 변하고 실물경기가 회복세를 타면서 다시 활기가 돌고 있다.

이 오피스 섹터의 대장주는 바로 일본 리츠의 시작이라 할 수 있는 '니폰빌딩(Nippon Building Fund Inc., 티커: 8951 JP)'이다. 니폰빌딩 관계자들도 자기 회사를 일본 리츠의 역사라고 소개할 정도로 자부심이 대단하다. 일본 리츠 중 가장 오래되었고 시가총액 기준으로도 가장 큰 기업이기 때문이다.

니폰빌딩은 동아시아 금융위기 이후인 2001년 3월 설립되어 같은 해 10월 도쿄주식시장에 상장하며 일본 리츠 시장의 부흥을 함께 누려오고 있다. 현재 시가총액은 약 13조 원, 주가는 주당 82만 3000엔이다. 시가 배당수익률은 2.52% 정도로 안정적인 수준을 유지하고 있다(2019년 8월 31일 기준). 매년 6월, 12월 연간 두 번씩 반기배당을 시행한다.

또 다른 특징으로는 일본 대형 부동산 디벨로퍼인 미쓰이 부동산(Mitsui Fudosan Group)을 스폰서(주요 주주)로 두었다는 점을 꼽을 수 있다. 현재 한국에서도 대기업을 스폰서 또는 앵커로 두는 리츠 기업들이 하나둘 나오고 있지만, 니폰빌딩은 일본 공모리츠 내 스폰서 리츠의 시초 격이나 다름없다. 미쓰이 부동산은 일본에서 가장 큰 디벨로퍼라, 니폰빌딩 또한 부동산 매입 및 매각에서 상당한 시너지 효과를 누릴 수밖에 없다. 실제로 2018년까지 니폰빌딩이 취득한 부동산의 약 60%가 미쓰이 부동산으로부터 매입한 것이었다. 든든한 스폰서 덕에 안정적인 성장의 기틀이 마련된 것이다.

포트폴리오를 살펴보면, 총 자산가치 약 12조 원에 달하는 72개 오피스를 보유하고 있으며 자산의 약 90%가 도쿄 오피스에 집중되어 있다는 점이 눈에 띈다.

특히 전체 보유자산 중 절반이 넘는 51%가 도쿄에서도 핵심상업지구로 꼽히는 도쿄 5구에 위치해 있다. 이 때문에 부동산 실물가격이 하락해도 방어가 가능하다. 또한 보유 중인 부동산이 대부분 주요 핵심상업지역이다 보니 공실률도 0.5% 수준(입주율 99.5%)으로 매우 낮은 수준을 유지하고 있다. 특히 요즘 같은 부동산 상승기에는 임대료도 따라 오르기 마련인데, 그 효과를 크게 누릴 수 있는 포트폴리오를 구축해 놓은 점이 주목할 만하다. 임차인 또한 특정 산업에 치중되지 않고 다양한 산업이 고루 분포되어 있어 안정적이다.

투자전략은 경쟁사 대비 매우 보수적이라 할 수 있다. 포트폴리오 측면에서는 도쿄 23구를 포함한 도쿄지역 내 도심 자산을 전체 자산의 70%까지 끌어올리는 것을 목표로 하고 있다. 재무관리 측면에서는 담보대출비율(LTV)을 36~46% 수준으로 조절해 부채비율을 낮게 유지하려 하고, 고정금리 비중을 90% 이상으로 유지하는 것이 기본 방침이다. 덕분에 금리 상승기 실적 방어에도 유리하다.

니폰빌딩은 다른 일본 리츠보다 자산가격 성장 측면에서는 다소 매력적이지 않을 수 있지만, 일본 부동산이 하락하고 있는 상황에서도 실물가격을 하방지지하며 잘 운용되고 있는 리츠다. 또한 안정적인 임대수익을 바탕으로 꾸준한 배당을 받을 수 있는 자산이라 매력이 충분하다.

일본 중소형 오피스의 강자 '케네딕스 오피스'

일본 공모리츠 시장은 우리나라와 역사가 비슷하지만 우리나라보다 훨씬 발전해 있다. 특히 동일한 섹터에서도 리츠마다 전략이 다양하다는 점이 그렇다. 그중에서도 오피스 섹터에서는 대형 오피스가 아닌 중소형 오피스만 투자하여 운용하는 리츠들이 있다. 대표적인 강자가 바로 '케네딕스 오피스(Kenedix Office Investment Corporation, 티커: 8972 JP)'다.

보통 일본 리츠는 디벨로퍼나 금융사를 스폰서로 두고 성장하지만 케네딕스 오피스는 약간 다르다. 이곳의 스폰서는 독립계 부동산 전문운용사인 케네딕스 주식회사(Kenedix Inc.)다. 케네딕스 그룹은 1995년에 설립돼 현재 약 22조 원 규모의 부동산을 운용하고 있으며 자회사로 3개의 리츠 기업(오피스, 리테일, 임대주택)을 보유한 부동산 전문 운용사다.

케네딕스 오피스는 2005년 5월에 설립된 케네딕스 부동산투자조합(Kenedix Realty Investment Corporation)이 전신이며, 같은 해 7월에 상장한 뒤 2006년 12월에 중소형 오피스만 투자하는 케네딕스 오피스가 되었다.

이런 배경을 설명하는 데는 이유가 있다. 필자가 만난 몇몇 투자자들은 디벨로퍼나 금융사를 스폰서로 둔 구조에 우려를 표하기도 했다. 질이 낮은 부동산을 스폰서가 높은 가격에 떠넘길 수 있다는 생각 때문이다. 물론 일본 리츠 시장의 역사에 미루어 보아 크게 걱정할 부분은 아니지만, 어쨌든 케네딕스 오피스의 경우 자산유동화 및 실적개선 압박이 있어도 스폰서가 보유물건을 고가로 매입하라고 압박할 가능성은 없다. 오히려 수익자를 위해 보다 창의적이며 합리적인 의사결정을 할 수 있는 구조를 지녔다. 이 같은 특징은 부동산 사이클의 고점 혹은 저점에서 진가를 발휘한다.

케네딕스 오피스의 현황과 포트폴리오를 살펴보자. 현재 시가총액은 약 4조 1000억 원 수준까지 성장했고 주가는 주당 85만 2000엔이다. 시가 배당수익률은 3.17% 수준이고 배당수익률도 안정적으로 유지되고 있다(2019년 8월 31일 기준). 또한 4월, 10월 연간 두 번의 반기배당을 시행한다.

보유하고 있는 부동산은 총 97개이며 이 중 리테일 부동산 한 개를 제외한 96개(99.4%)가 모두 오피스다. 전체 자산의 81.8%가 도쿄에 위치하며, 그중에서도 핵심상업지구인 도쿄 5구의 비중이 51.7%다. 특히 보유자산 중 지하철역에서 걸어서 5분 이내에 위치한 자산이 무려 82.2%일 정도로 입지 면에서의 매력이 크다. 이 같은 우량자산을 보유한 덕에 입주율도 98.9%(공실률 1.1%)로 상당히 견조하다.

또한 보유 부동산 모두 새로운 내진설계를 적용해 지진 리스크까지 반영해서 투자를 진행했다는 장점도 빼놓을 수 없다. 일본 자연재해에 대한 투자자들의 걱정을 어느 정도 덜어주는 대목이다.

중소형 오피스는 자산 매각이라는 유동화 측면에서 대형 오피스보다 부담이 적기 때문에, 관심이 있다면 주목해야 하는 리츠다.

오사카 대표 오피스 리츠 'MCUBS 미드시티'

지금까지는 주로 도쿄에 투자하는 오피스 리츠였다면, 이번에 소개하는 리츠는 오사카에서 시작한 'MCUBS 미드시티(MCUBS Midcity Investment Corporation, 티커: 3227 JP)'다. 이 리츠는 2006년 8월 오사카 오피스에 주로 투자하는 리츠인 'MID REIT'로 상장하며 첫발을 디뎠으며, 2015년 4월 미쓰비시(Mitsubishi Corp.)와 UBS 부동산 주식회사(UBS Realty Inc.)에서 100% 지분을 보유한 MCUBS 미드시티 주식회사(MCUBS Midcity Inc.)로 메인 스폰서가 변경되면서 MCUBS 미드시티 투자조합으로 이름이 바뀌어 현재에 이르고 있다.

현재 시가총액은 약 2조 2000억 원 수준이고, 주가는 주당 12만 1000엔이다. 시가 배당수익률은 4.37% 정도이며 안정적인 배당수익률을 유지하고 있다(2019년 8월 31일 기준). 또한 6월, 12월 연간 두 번 반기배당을 시행한다.

이 리츠도 스폰서가 특징이다. 일본 리츠는 현지 디벨로퍼나 금융사를 스폰서로 두는 경우가 많은데, MCUBS 미드시티의 스폰서는 외국계 자본인 UBS와 일본의 종합상사 미쓰비시다. 부동산 운용 측면에서 차별화된 포인트라 할 수 있다.

실제로 MCUBS 미드시티는 메인 스폰서를 변경한 뒤 최근 4년 동안 운용 및 포트폴리오에 큰 변화가 생겼고, 그 결과 급격하게 성장할 수 있었다. 우선 오사카에 국한된 투자 지역을 도쿄, 나고야까지 3개 지역으로 확대하면서 지역 측면의 분산투자를 시행해 새로운 투자 기회를 모색했다. 또한 특정 임차인에 대한 비중을 낮춰 임차인 리스크를 분산시켰다. 덕분에 MCUBS 미드시티가 보유하고 있는 포트폴리오의 자산가격 및 배당금은 꾸준히 안정적으로 상승하고 있다.

보유하고 있는 부동산은 총 23개로, 이 중 87.9%는 오피스에 투자하며 나머지는 리테일과 호텔 등이다. 보유자산의 97%는 도쿄, 오사카, 나고야 도심에 위치하고 있다. 현재 전체 포트폴리오의 입주율은 99.4%로 자연 공실률에 가까운 수준을 유지 중이다. 만약 2025년 오사카 엑스포가 개최되면서 수혜를 볼 수 있는 일본 리츠를 찾는다면 오피스 리츠 중에서는 MCUBS 미드시티가 경쟁력 있다 하겠다.

일본 최대 규모의 주거용 리츠 '어드밴스 레지던스'

일본은 아시아 국가 중 임대주택 리츠가 두드러지게 발전한 유일한 나라다. '어드밴스 레지던스(Advance Residence Investment Corporation, 티커: 3269 JP)'는 그중에서도 대장주라 할 수 있다. 본래 '어드밴스 레지던스'와 '니폰 레지덴셜(Nippon Residential)' 2개의 별도 리츠로 존재했던 상장사였는데, 2009년 9월 합병을 결정하면서 2010년 3월 어드밴스 레지던스로 재상장돼 주거용 리츠 중 가장 큰 상장사가 되었다. 현재는 시가총액 약 5조 6000억 원 수준까지 성장했고 주가는 주당 36만 3500엔이다. 시가 배당수익률은 3.0% 수준을 보이며 안정적으로 유지되고 있다(2019년 8월 31일 기준). 매년 1월, 7월 연간 두 번의 반기배당을 시행한다.

어드밴스 레지던스의 포트폴리오를 살펴보자. 약 5조 원 규모에 달하는 264개 부동산을 보유하고 있는데, 71.2%에 해당하는 172개 임대주택이 도쿄에 집중되어 있지만 다른 지역에도 다양하게 자산이 분포해 있다. 비중은 오사카(7.9%), 나고야(4.1%), 삿포로(2.8%), 후쿠오카(2.2%), 센다이(1.8%) 순이다.

비혼·저출산으로 1인가구가 늘어나면서 선풍적인 인기를 끌고 있는 싱글 하우스 비중이 57%로 매우 높다는 점 또한 눈에 띈다. 게다가 전체 포트폴리오의 92%가 전철역 10분 이내 역세권일 정

〈어드밴스 레지던스 포트폴리오 현황〉

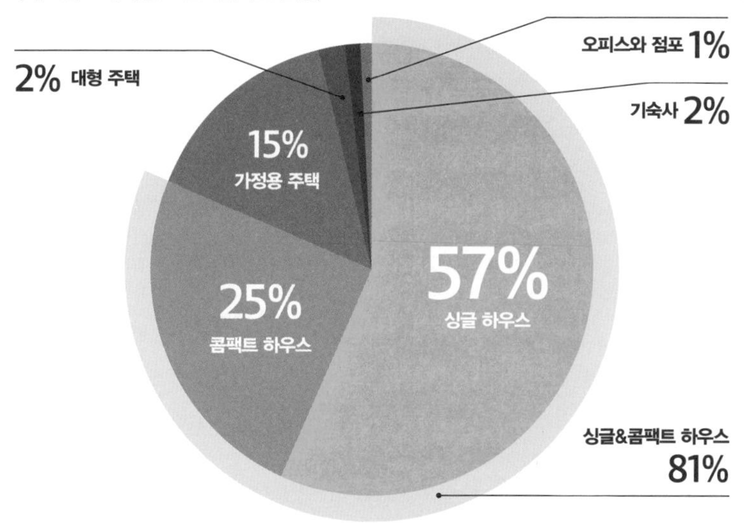

〈어드밴스 레지던스 포트폴리오 접근성〉

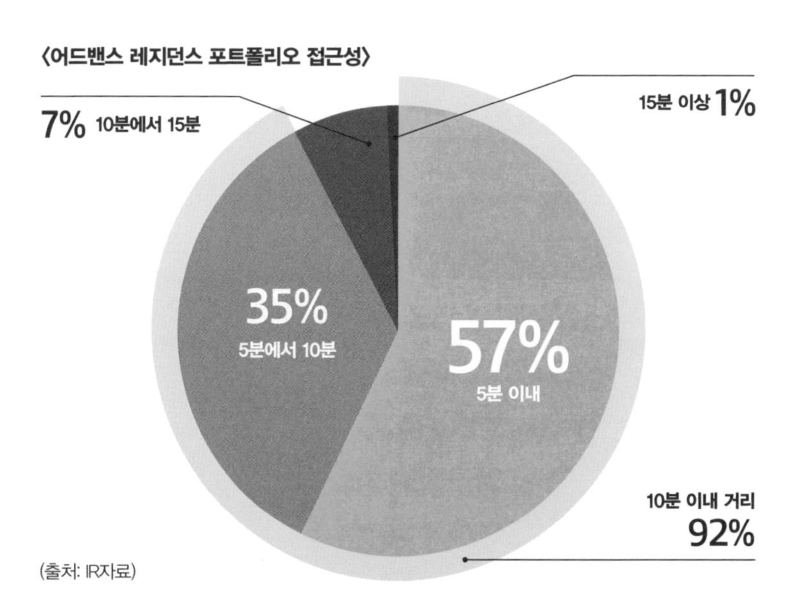

(출처: IR자료)

도로 위치 면에서도 경쟁력을 갖추고 있다. 덕분에 전체 입주율도 97.0% 수준으로 견조하다.

고령화로 인구 감소가 심화되는 일본에서 주거용 리츠에 투자해도 될까 걱정할 수도 있다. 하지만 인구가 줄어도 수도권 또는 핵심상업지역에는 인구가 집중되는 현상을 전 세계에서 쉽게 확인할 수 있다. 일본도 마찬가지다. 일본 현지 언론에 따르면 2019년 1월 1일 기준 일본 인구는 41년 만에 인구감소 최대폭을 기록했으며, 2009년 이후 10년째 감소세가 이어지고 있다. 그에 비해 수도권으로의 인구 유입은 그치지 않고 있어 이른바 '도쿄 일극(一極) 집중' 현상이 심화되는 상태다. 2018년 전출입 통계에 따르면, 도쿄를 비롯해 사이타마현, 치바현, 가나가와현의 수도권 인구는 23년 연속 증가했고, 증가폭은 최근 5년간 최대를 기록했다. 당분간 수도권의 주거용 리츠 투자는 걱정할 필요 없어 보인다.

도쿄에 집중한다, 주거용 리츠 '컴포리아 레지덴셜'

투자자들이 기업에 투자할 때는 단순한 사업구조 혹은 내수주처럼 명확한 특징이 있는 기업을 선호하곤 한다. 리츠 시장에서도 이 같은 투자전략을 고수하는 투자자들이 존재한다.

역사가 20년이 되어가는 일본 리츠 시장에도 다채로운 투자전략이 등장하고 있다. 다양한 섹터나 지역에 투자해 리스크를 분산하는 리츠가 있는가 하면, 한 가지 섹터나 특정 지역에 집중하는 리츠도 있다. 이번에 소개할 '컴포리아 레지덴셜(Comforia Residential REIT Inc, 티커: 3282 JP)'은 인구가 지속적으로 성장하는 도쿄 임대주택시장에만 집중한다. 때문에 컴포리아 레지덴셜의 실적은 도쿄 인구 유입, 도쿄의 집값 및 임대료와 상관성이 매우 높다. 투자자 입장에서 상대적으로 분석이 용이하기 때문에, 도쿄 주거용 리츠에 관심이 있다면 주목하는 것이 좋다.

컴포리아 레지덴셜의 역사는 다른 대형 리츠에 비해 그리 길지 않다. 2010년 6월에 설립되어 2013년 2월에 상장되었는데, 역사는 짧지만 성장 속도는 매우 빠르다. 그 배경에는 일본 대형 디벨로퍼인 도큐 부동산 홀딩스(Tokyu Fudosan Holdings)의 전폭적인 지원이 있다. 사명인 '컴포리아'도 도큐 부동산 홀딩스의 자회사인 도큐 랜드 코퍼레이션(Tokyu Land Corporation)의 컴포리아 시리즈에서 가져온 것이다. 도큐 부동산 홀딩스를 등에 업은 컴포리아 레지덴셜은 최근 4년 동안 보유자산 규모를 무려 80% 이상 성장시키는 기염을 토했다. 현재 시가총액은 약 2조 5000억 원 수준이고 주가는 주당 35만 엔이다. 시가 배당수익률은 2.95% 수준을 보이며 안정적인 배당수익률을 유지하고 있다(2019년 8월 31일 기준). 정기배당은 매년 1월, 7월 연간 두 번이다.

컴포리아 레지덴셜의 포트폴리오를 살펴보면 약 2조 2000억 원 규모에 달하는 117개 부동산을 보유하고 있으며, 이 중 무려 90.9%가 도쿄 23구에 위치한 임대주택이다. 1인가구를 타깃으로 한 싱글 하우스는 어드밴스 레지던스에 비해 조금 낮은 49.5% 수준이나, 2인 가구 대상의 콤팩트 하우스가 40.0%로 높은 비중을 차지하고 있어 1~2인 가구에 집중하는 투자전략을 엿볼 수 있다. 또한 보유자산이 주변 역에서 도보로 평균 4.8분 거리에 위치할 정도로 초역세권을 자랑한다는 점도 빼놓을 수 없다. 덕분에 컴포리아 레지덴셜의 전체 입주율은 96.6%로 견조하다. 향후 도쿄로 유입되는 인구가 계속 증가하고 토지 가격도 현재처럼 상승세를 유지한다면 컴포리아 레지덴셜도 안정적으로 성장할 것으로 보인다.

일본 리테일 리츠의 대장주 'JRF'

이리츠코크렙이 국내 리테일 상장리츠의 선구자라면 일본에는 '재팬 리테일 펀드(JRF, Japan Retail Fund Investment Corporation, 티커: 8953 JP)'가 있다. JRF는 2001년 9월에 설립되어 2002년 3월에 일본 주식시장에 상장되었는데, 당시 일본 리츠 중 세 번째 상장이었고 리테일 리츠 중에서는 첫 번째였다. 상장 당시에는 약 4500억 원 규모의 4개 리테일 부동산으로 시작했는데, 불과 5년 만에 자산규모 약 5조 원, 부동산 41개로 10배 이상의 외형 성장을 일궈냈다. 현재는 101개 부동산을 소유한 10조 원 규모 회사로 더욱 성장한 상태다. 시가총액도 약 6조 7000억 원, 주가는 주당 22만 9200엔이다. 시가 배당수익률은 3.86% 수준이며 배당수익도 안정적으로 유지되고 있다(2019년 8월 31일 기준). 반기배당을 시행하며, 매년 2월과 8월 연간 두 번이다.

물론 2000년대 초반은 이커머스의 영향력이 미미했기 때문에 오프라인 매장과 같은 리테일 부동산은 지금보다 성장하기에 좋은 환경이었다는 점도 감안해야 한다. 지금은 일본 내 이커머스의 시장점유율이 약 7% 수준까지 커졌고, 미국(9.9%)이나 영국(16.8%) 등 다른 나라 이커머스 시장을 감안하면 일본에서도 오프라인 매장의 매출 성장은 전망이 그리 밝지 않은 것이 사실이다.

그럼에도 리테일 리츠인 JRF에 관심을 가져야 하는 이유는 무엇일까? 2018년 아마존이 급성장하면서 이커머스가 리테일 산업 전반에 부정적인 영향을 미칠 것이라는 분석이 나오자 전 세계 리테일 리츠 주가가 큰 폭으로 하락했다. 하지만 시간이 지나면서 투자자들은 리테일 매장 실적을 확인하고 객관적인 시각으로 리테일 리츠에 접근하기 시작했다. 그 결과 오프라인 매장도 지역, 위치, 형태, 임차인 업종 등에 따라 이커머스에 대한 내구성이 다르다는 사실을 알게 되었다. 특히 JRF는 경쟁사에 비해 이커머스에 대항할 준비가 가장 잘되어 있고, 미래를 대비하는 계획도 보다 구체적이다.

실제로 필자가 최근 리테일 리츠를 만나본 결과, 일본 오프라인 매장에서도 대표적인 핵심상업지역이나 유동인구가 많은 주요 역세권, 인구밀집 거주지역에 위치한 우량자산들은 이커머스의 영향이 상대적으로 낮은 편이다. 오히려 몇몇 리테일 자산은 자산 가격이 오르고 임대료가 증가하는 현상이 나타나고 있다. JRF가 편입하는 자산도 우량자산 비중이 72% 수준으로 높다. JRF는 자산 매각과 매입을 통해 향후 5년 안에 우량자산 비중을 80% 이상으로 끌어올리겠다는 목표다.

포트폴리오를 구체적으로 살펴보면 도쿄 49.8%, 오사카 39.7%, 기타 지역 10.5% 순으로, 인구 증가세가 꾸준히 유지되고 있는 지역이 전체 자산의 약 90%를 차지한다. 입주율도 98.8%로 매우 높은 수준을 유지하고 있다. 리테일 리츠는 임차인과의 임대계약 형태가 매우 중요한데, 특히 지금처럼 이커머스가 급성장하며 오프라인 매장의 역성장이 우려되는 상황에서는 고정 계약 형태로 안정적인 임대료 수익을 확보하는 것이 중요하다. 이런 맥락에서 본다면 JRF는 전체 임대 매출의 90%가 고정 임대료 계약이기 때문에 상대적으로 이커머스의 영향을 덜 받는다고 할 수 있다. 오히려 2020년 도쿄 올림픽과 2025년 오사카 엑스포 개최를 고려한다면 대표적인 핵심상업지역 내 리테일 매장들의 매출 성장을 기대할 수 있는 상황이며, JRF의 자산에도 긍정적일 것으로 전망된다. 다만 향후 이커머스 성장에 따른 리테일 리츠에 대한 우려는 분명 존재하기 때문에 보수적인 관점으로 접근할 필요가 있다.

후쿠오카를 대표하는 다각화 리츠 'FRC'

해외여행이 보편적 휴가문화로 자리잡으면서 겨울 해외 온천여행은 여행 상품 단골메뉴가 되었다. 특히 후쿠오카 유후인 온천은 지리적 근접성(비행기로 1시간 이내)과 다양한 먹거리 및 볼거리로 한국인들에게 가장 인기 있는 여행지 중 하나로 꼽힌다. 2018년 후쿠오카 해외 방문객 중 한국인이 무려 47.2%에 달할 정도다. 필자도 투자 목적 외에 세 번 이상 방문했는데, 그 과정에서 자연히 '후쿠오카 리츠(FRC, Fukuoka REIT Corporation, 티커: 8968 JP)'에도 관심을 갖게 되었다.

후쿠오카 리츠는 2005년 6월에 상장됐다. 이름에서도 알 수 있듯 일본 리츠 중에서는 처음으로 지역 특화 투자전략을 구사하는 리츠로, 규슈 지역과 후쿠오카현에만 투자한다. 포트폴리오를 살펴보면 전체 자산의 77.2%가 후쿠오카 대도시권역에 있고 나머지 22.8%는 그 외 규슈 지역에 위치한다.

규슈 지역과 후쿠오카의 특징은 무엇일까? 앞서 설명한 대로 한국인이 많이 찾는 도시이기도 하지만, 규슈 지역은 GDP 측면에서 이란과 비슷한 경제 규모를 자랑할 정도로 큰 도시라는 점에 주목할 필요가 있다. 또한 인구성장률이나 구성(노동인구, 나이 등)을 봤을 때 일본 내에서 가장 매력적인 도시이기도 하다. 이러한 환경은 리테일, 오피스, 주거용, 호텔, 물류창고 등을 영위하는 후쿠오카 리츠에 분명 긍정적인 요인들이다. 실제로 후쿠오카 리츠는 상장 당시 7500억 원 규모의 자산을 보유하고 있었지만 현재는 2조 원 이상으로 성장했다. 현재 시가총액도 약 1조 7000억 원 수준까지 성장하였고, 주가는 주당 18만 5600엔이다. 시가 배당수익률은 3.97% 수준을 보이며 안정적인 배당수익률을 유지하고 있다(2019년 8월 31일 기준). 또한 매년 2월, 8월 연간 두 번의 반기배당을 시행한다.

포트폴리오를 살펴보면 총 29개 부동산을 보유하고 있고, 섹터별로는 리테일 11개, 오피스 8개, 주거용 5개, 호텔 2개, 물류창고 3개를 각각 보유하고 있다. 설립 초에는 리테일에 집중 투자했으나 최근 들어서는 이커머스 성장에 대비해 리테일(59.2%) 투자 비중을 낮추고 오피스(26.9%), 물류창고(7.4%), 주거용(4.3%), 호텔(2.2%) 등 다양한 섹터로 투자 다변화를 단행했다. 임대계약 형태도 아직은 리테일 비중이 절반 이상이라 고정계약 비중이 87.1%

로 높아 양호한 편이다. 전체 포트폴리오의 입주율은 99.7%로 자연공실률에 가까우며, 섹터별로 살펴보더라도 리테일, 오피스, 그 외 섹터가 모두 99%를 넘어 안정적인 성장이 진행되고 있음을 확인할 수 있다.

일본 호텔 리츠의 대장주 '재팬호텔리츠'

2020년 7월, 세계인의 축제 하계 올림픽이 일본 도쿄에서 개최된다. 일본 정부의 중장기 목표는 도쿄 올림픽이 열리는 2020년까지 4000만 명, 2030년까지 6000만 명 수준으로 방일 관광객 수를 늘리는 것이다. 일본 여행청의 2019년 예산 편성도 전년대비 150% 이상 대폭 증액해 일본 관광산업의 구조적인 변화를 시도하고 있다. 그 결과 최근 5년 동안 방일 관광객 수는 급격하게 성장해 왔으며, 호텔, 료칸, 리조트 등 숙박업도 동반 성장세를 이어가고 있다.

특히 2020년 하계 올림픽이라는 소위 '대목장'이 눈앞으로 다가오면서 일본 호텔 리츠에 대한 관심도 굉장히 높아졌다. 그중에서도 재팬호텔리츠(Japan Hotel REIT Investment Corp, 티커: 8985 JP)는 일본 호텔 리츠 중 가장 오랜 역사와 가장 큰 규모를 자랑하는

〈일본 인바운드 관광객 수 변화 추이〉

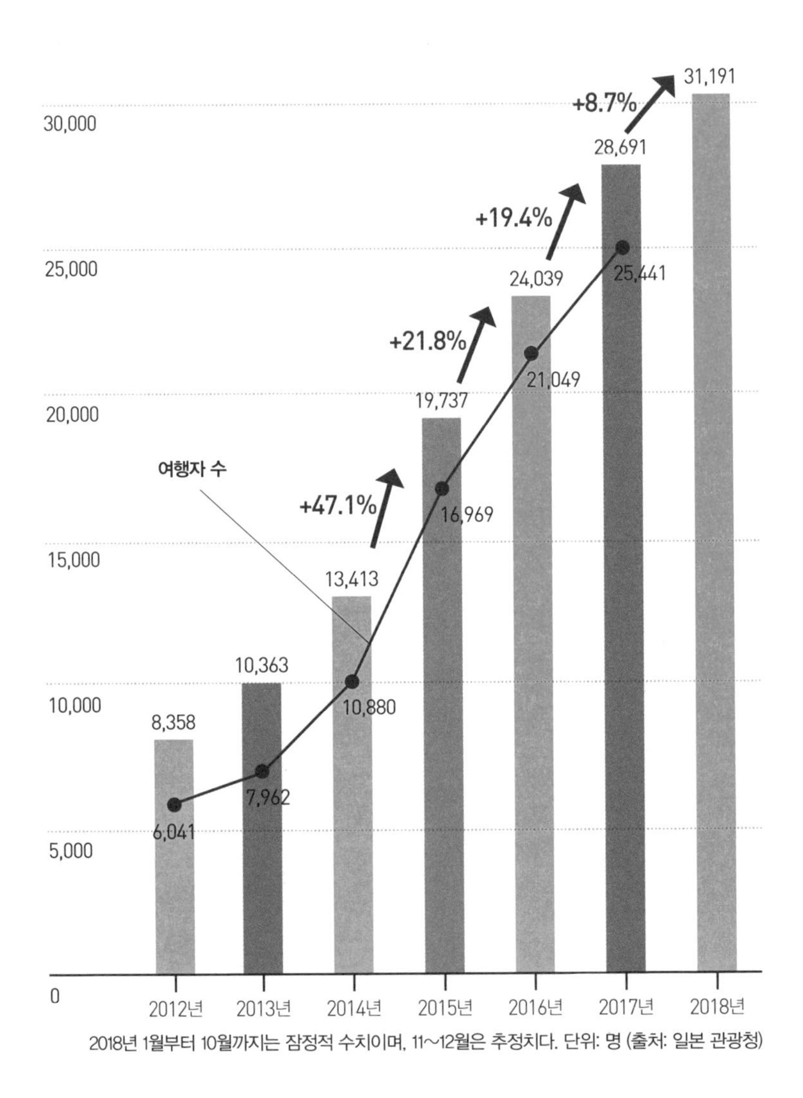

2018년 1월부터 10월까지는 잠정적 수치이며, 11~12월은 추정치다. 단위: 명 (출처: 일본 관광청)

리츠다.

재팬호텔리츠는 2004년에 '니폰 호텔 펀드 투자조합(Nippon Hotel Fund Investment Corporation)'이라는 사명으로 설립되어 2006년 6월 상장했는데, 호텔 섹터에서는 첫 번째 상장이었다. 이어 2012년 4월 재팬 호텔 앤 리조트(Japan Hotel and Resort Inc.)와 합병하면서 외형적으로 크게 성장했고, 사명도 현재의 재팬호텔리츠로 변경했다. 합병 당시 재팬호텔리츠는 규모 약 1조 5000억 원에 28개 호텔을 보유하고 있었는데, 현재는 150% 이상 성장해

〈일본 관광청 예산 추이〉

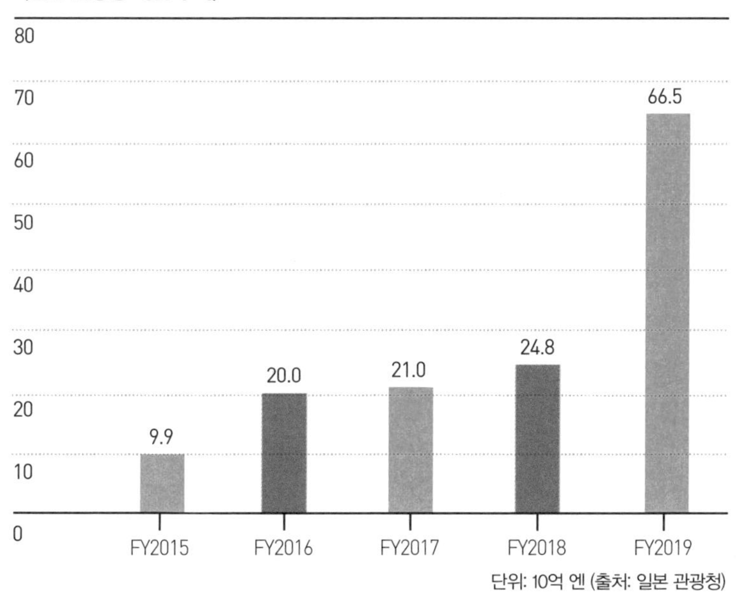

단위: 10억 엔 (출처: 일본 관광청)

약 4조 원 규모에 달하며 자산 또한 43개 호텔을 보유 중이다. 현재 시가총액은 약 4조 1000억 원, 주가는 주당 8만 1700엔이다. 시가 배당수익률은 4.75% 수준으로 안정적인 배당수익률을 유지하고 있다(2019년 8월 31일 기준). 배당은 연간 한 번으로, 매년 12월에 시행한다.

세부적인 포트폴리오를 살펴보면 도쿄(20.3%), 도쿄 외 칸토(20.6%), 오키나와(14.6%), 오사카(12.3%), 오사카 외 간사이(8.8%), 규슈(6.8%), 홋카이도(5.3%), 기타 순이다. 지역별 대표 관광지에 다양하게 투자하는 점이 눈에 띈다. 이렇게 분산투자하는 이유는 무엇보다 자연재해에 따른 위험 부담을 낮추기 위해서다. 일본은 지진과 태풍 등 자연재해가 잦은 터라, 숙박업을 하는 입장에서는 이로 인한 매출 변동 리스크를 잘 관리해야 한다.

호텔 리츠에 투자할 때는 어떤 브랜드를 주로 사용하는지, 어떤 시장을 목표로 하는지 살펴볼 필요가 있다. 최근 방일 관광객 추이에서 국가별 비중을 살펴보면 동아시아 국가뿐 아니라 북미나 유럽 관광객도 증가하고 있다. 서양인의 경우 가성비를 많이 따지고 자유여행을 주로 하는 아시아인과 다르게 소비 성향이 높고 장기 투숙객도 많은 편이라, 브랜드 인지도가 높고 등급이 높은 호텔들의 숙박률이 높게 나타난다. 재팬호텔리츠의 포트폴리오는 관광객에게 익숙한 해외 브랜드 비중이 55%, 4~5성급 비중도 52%로 높은 편이다. 또한 도쿄에는 4~5성급 고급 호텔이 적어 4

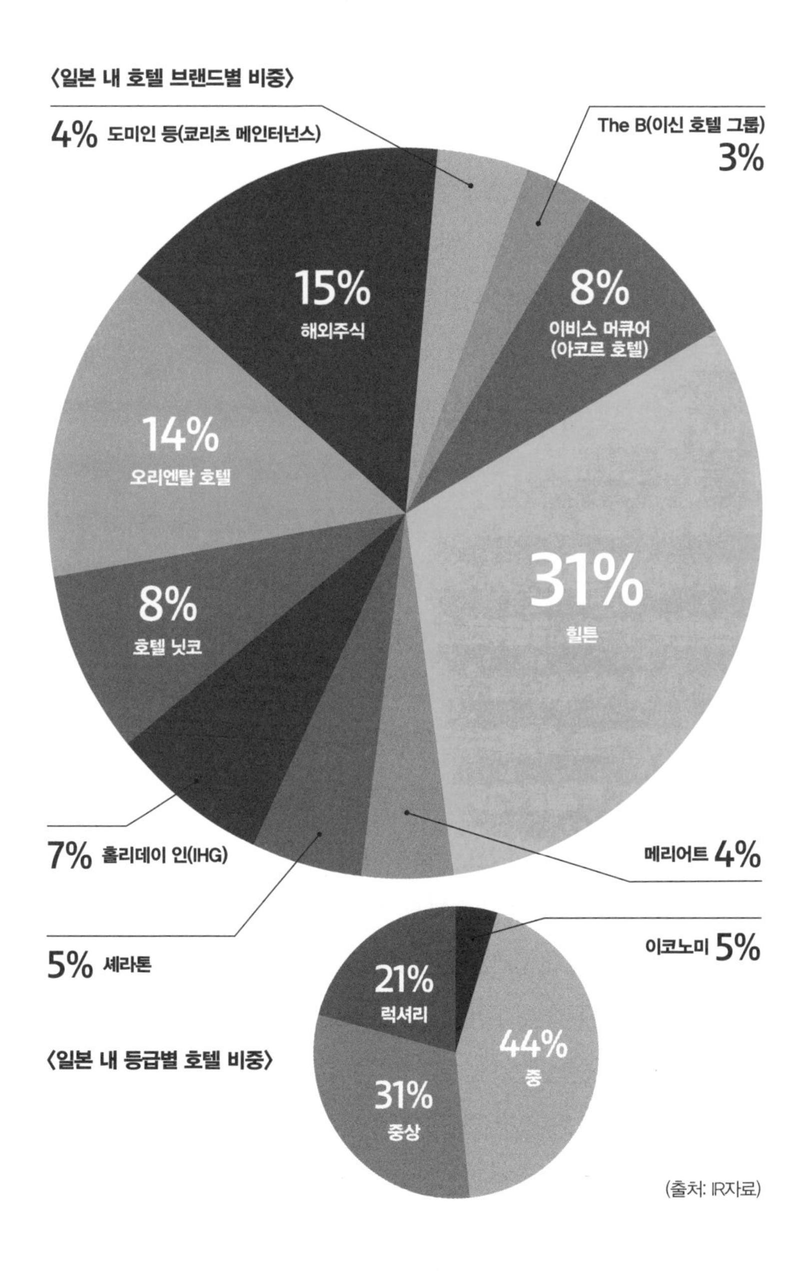
〈일본 내 호텔 브랜드별 비중〉
4% 도미인 등(쿄리츠 메인터넌스)
The B(이신 호텔 그룹) 3%
15% 해외주식
8% 이비스 머큐어 (아코르 호텔)
14% 오리엔탈 호텔
31% 힐튼
8% 호텔 닛코
7% 홀리데이 인(IHG)
메리어트 4%
5% 셰라톤
이코노미 5%
21% 럭셔리
44% 중
31% 중상
〈일본 내 등급별 호텔 비중〉

(출처: IR자료)

성급 이상 대형 호텔에 투자하면 경쟁력이 있다는 점도 고려할 사항이다. 2020년 하계 올림픽부터 2025년 오사카 엑스포까지, 앞으로 있을 굵직한 이벤트들을 생각한다면 재팬호텔리츠에 관심 가질 필요가 있다.

일본 물류창고 리츠의 선두주자 'JLF'

최근 전 세계에서 아마존을 중심으로 한 이커머스발 물류창고에 대한 수요가 폭발적으로 늘어나고 있다. 특히 이커머스 침투율이 낮은 나라일수록 성장 속도가 빠르고 성장 가능성도 높다. 일본이 바로 이 경우에 해당한다. 시장조사업체 이마케터(eMarketer)에 따르면 2018년 국가별 이커머스 시장침투율은 중국(29.1%), 영국(20.6%), 한국(17.5%) 순인데, 일본은 아직 6~7% 정도로 시작 단계에 불과하다. 하지만 향후 일본에서도 이커머스 비중이 점차 높아질 것이므로, 일본 물류창고 리츠 중에서도 선두주자인 재팬 로지스틱스 펀드(JLF, Japan Logistics Fund Inc, 티커: 8967 JP)를 눈여겨볼 필요가 있다.

JLF는 산업재 섹터에서는 첫 번째로 상장한 물류창고 리츠로, 상장 연도는 2005년이다. 당시 JLF가 보유한 물류창고 규모는 약

3000억 원에 불과했지만 상장 후 지속적인 자산 매입과 개발을 통해 무려 9배 가까운 외형 성장을 이루었고, 현재는 49개 물류창고를 보유해 그 규모가 약 8000억 원에 달한다. 현재 시가총액은 약 2조 7000억 원 수준이고, 주가는 주당 26만 8900엔이다. 시가배당수익률은 4.18% 수준으로, 배당수익률도 안정적으로 유지하고 있다(2019년 8월 31일 기준). 매년 1월, 7월 연간 두 번의 반기배당을 시행한다.

투자 지역별로 살펴보면 도쿄 도시권역 78.6%, 킨키·츄부·규슈 지역 16.7%, 기타 지역 4.3%로 도쿄 투자에 집중한다. 하지만 무엇보다도 시장 흐름에 잘 대응하고 있다는 점이 눈에 띈다. 최근 일본에서도 쿠팡 로켓배송 같은 초단기 배송이 유행하면서, 기존에 있던 항만 근처 물류창고 외에도 도심 내 고속도로 근처의 거점물류창고가 인기를 끌고 있다. 특히 도쿄 핵심상업지구를 감싸고 있는 16번 도로가 가장 인기인데, JLF의 자산 중 이 16번 도로 내에 위치한 물류창고 비중이 68%에 달한다.

임차인 리스크 관리도 효과적이다. 물류창고 리츠의 경우 다른 섹터에 비해 임차인 리스크가 높은 편이다. 물류창고는 임차인의 보안 및 효율성의 이유로 대개 하나의 자산을 하나의 임차인이 사용하는데, 한 임차인의 비중이 지나치게 높아지면 공실 리스크가 전체 실적에 영향을 줄 가능성도 높아지기 때문이다. 하지만 JLF는 상위 10개 임차인의 비중이 상대적으로 낮아 공실 리스크가 양호하다.

또한 물류창고는 단일 임차인인 경우가 많기 때문에 임대계약 기간도 보통 5~10년 수준으로 여타 섹터에 비해 긴 편이다. JLF도 5년 이상 임대계약 비중이 76.8%로 높고, 현재 입주율이 98.8% 수준임을 감안한다면 향후 안정적인 임대수익 및 배당수익을 기대할 만하다. 물론 물류창고는 경기민감도가 상대적으로 높은 섹터이기 때문에 무역분쟁 등과 같은 거시적인 환경변화가 일어난다면 실적 변동성이 생길 수도 있다. 다만 일본 내 물류창고는 중장기 구조적 변화의 흐름에 놓여 있는 섹터이며, 산업 성장이라는 점에서 물류 창고 리츠의 선두주자인 JLF에 긍정적인 영향을 줄 것이라 생각한다.

싱가포르 리츠 : 오피스, 리테일, 물류센터까지

싱가포르 리츠의 매력을 고스란히 담은 '캐피탈랜드몰트러스트'

싱가포르는 한국과 마찬가지로 2000년대 초 리츠 제도를 도입했다. 한국과 싱가포르뿐 아니라 리츠를 도입한 대부분의 아시아 국가들은 시기가 다 비슷한데, 유독 한국만 시장이 활성화되지 못했다.[1]

최근 한국에서도 공모 상장리츠 시장 활성화를 위한 노력이 다

1 국내 리츠 시장이 활성화되지 않은 데는 여러 이유가 있지만, 리츠 제도를 도입한 정책 당국의 의지가 부족했다는 점을 빼놓을 수 없다. 다만 최근에는 정부가 리츠 활성화에 적극 나서고 있으며, 저성장·저금리가 지속되며 리츠에 대한 관심이 크게 높아졌다.

수 진행되고 있다. 특히 한국은 싱가포르의 사례에 주목한다. 한국이 육성하고자 하는 우량 리츠의 특징이 잘 담겨 있어서다. 비슷한 시기 리츠를 도입한 아시아 국가 중에서도 싱가포르는 모든 리츠가 상장되어 있다는 점이 특징적인데, 정부가 세제혜택 등을 통해 리츠 상장을 유도한 결과다.

싱가포르 리츠를 이야기하려면 '캐피탈랜드몰트러스트(CMT)'를 빼놓을 수 없다. 2002년 6월에 상장한 CMT는 싱가포르 리츠의 특징을 가장 잘 보여주는 대표 리츠다. 싱가포르 리츠 시장 활성화를 알린 1호 상장리츠라 상징성도 크다.[2]

CMT의 기초자산은 도시를 대표하는 상징성이 큰 부동산들이다. 이들 부동산은 싱가포르 국민뿐 아니라 싱가포르를 자주 찾는 사람들이라면 누구나 알 만한 익숙한 곳들이다. 대표적인 자산은 싱가포르 지하철(MRT) 시청역 인근에 위치한 '래플스시티(Raffles City)'[3]로, 호텔·오피스·쇼핑몰이 결합된 복합건물이다. MRT 3개 라인 환승역과 연결되어 있는데, 한국처럼 싱가포르에서도 환승역 주변의 자산가치가 높이 평가된다.

교통 요지에 위치하고 있어 관광객들에게도 잘 알려져 있다는

---

2 CMT 역시 이 부분에 자부심을 가지고 있다. CMT의 IR자료 첫 페이지에 '싱가포르의 첫 리츠이자 가장 큰 리테일 리츠(Singapore's First & Largest Retail REIT)'가 쓰여 있을 정도다.

3 싱가포르 대표 디벨로퍼 중 하나인 캐피탈랜드(CapitaLand)가 만든 리츠인 CMT, 그리고 '캐피탈랜드 커머셜 트러스트(Capital Commercial Trust)'가 래플스시티의 지분을 나눠 소유하고 있다. CMT가 40%, CCT가 60%.

싱가포르 래플스시티 (출처: 레플스시티 홈페이지)

이점도 빼놓을 수 없다. 필자 역시 싱가포르를 방문했을 때 시내 한복판에 있는 데다 쇼핑몰이 잘 갖춰져 있어 래플스시티에 여러 번 들렀다. 실제로 래플스시티는 연간 3000만 명의 방문객이 찾는 명소다.

CMT는 래플스시티뿐 아니라 클락키(Clarke Quay), 플라자 싱가푸라(Plaza Singapura), 정션 8(Junction 8), 제이큐브(J-Cube), 푸난(Funan) 등 2018년 말 기준 15개의 리테일 자산을 보유하고 있는데, 여기에 다녀간 방문객이 2018년에만 3억 3800만 명에 달한다. 이들 보유자산은 모두 도심 다운타운이나 지하철역 인근 교통이 편리한 교외에 위치해 있다. 다운타운 지역 자산이 매출 기준

48.8%, 교외 지역 자산이 51.2%라 포트폴리오상으로도 균형이 잘 맞는다.

다음으로 주목할 부분은 안정성과 지속적인 성장이다. 대표자산인 래플스시티의 2019년 6월 말 기준 임대율은 99.6%로 공실률이 제로에 가깝다. 래플스시티뿐 아니라 CMT에 편입된 자산 전체 공실률도 1.7%라 거의 제로 수준이다. 어제 오늘 일이 아니라, 2011년(공실률 5.2%)을 제외하고는 2010년 이후 공실률을 매년 2.5% 이하로 유지하고 있다. 이처럼 수년간 안정적인 임대 수익을 올렸으며, 이 수익을 바탕으로 매년 꾸준히 배당을 늘려왔다.

CMT는 이처럼 자산규모를 키우며 지속적인 성장세를 이어가고 있다. CMT의 총 자산가치는 2018년 115억 170만 싱가포르달러로 전년대비 9.5% 성장했다. 매년 실적도 증가하고 있어, 2018년 매출액은 전년대비 2.2% 성장한 6억 9750만 싱가포르달러, 영업이익은 4억 9350만 싱가포르달러를 기록했다. 자산별 매출 비중도 균형 잡혀 있다. 래플스시티가 전체 매출의 11.4%로 비중이 가장 크긴 하지만, 플라자 싱가푸라(11.3%), IMM빌딩(10.6%), 부기스 정션(10.5%), 탬핀스 몰(10.1%)등 다른 자산 비중도 골고루 배분되어 있다.

CMT는 상장 직후인 2003년에는 총 배당금이 6490만 싱가포르달러였으나, 지속적인 성장세와 안정적인 수익률을 보이며 2018년 배당금은 6배 이상 늘어난 4억 1070만 싱가포르달러를 기록했다. 이 같은 배당 재원을 바탕으로 매 분기 투자자들에게 배당을 하고 있다. 시가총액은 2019년 6월 말 기준 97억 싱가포르달러로 싱가포르 증시에 상장된 리테일 리츠 중 가장 큰 규모다. 또한 싱가포르 리테일 시장에서 시장점유율 14.6%를 차지하고 있는 1위 사업자이기도 하다.

주요 주주로 참여하는 앵커 투자자의 존재도 CMT에 대한 신뢰도를 높여주는 중요한 요소다. 최근 한국에서도 리츠를 활성화하고 투자자들의 신뢰도를 높이기 위해 앵커 투자자가 필요하다는 이야기가 나온다. 리츠 주무부처인 국토교통부는 지난 2016년 2월 '리츠 경쟁력 제고방안'을 발표하면서, 상장리츠 활성화를 위한 방안 중 하나로 공적기금·연기금·금융기관 등이 리츠의 최대주주가 되어 투자자들에게 신뢰를 줄 수 있는 앵커리츠를 육성하겠다고 밝힌 바 있다. 2019년 9월에 발표한 '공모형 부동산 간접투자 활성화 방안'에서도 마찬가지였다. CMT가 바로 여기서 말하는 앵커 리츠다. 싱가포르에서는 스폰서드 리츠(Sponsored REIT)라고 한다(한국에서는 스폰서라는 단어가 주는 부정적인 이미지 때문에 앵커라는 말을 쓴다).

CMT는 싱가포르를 대표하는 부동산 회사인 캐피탈랜드(CapitaLand Limited)가 약 30% 지분을 소유하고 있다. 캐피탈랜드는 CMT 지분을 일정 부분 소유한 데 대해 '책임 있는 투자를 한다는 것을 입증하기 위해서'라고 분명히 밝혀놓았다. 캐피탈랜드의 대주주는 싱가포르 국부펀드 테마섹(지분 40%)이다. 싱가포르 국민들이 믿고 CMT에 투자할 수 있는 이유다.

아울러 외국인 근로자 등으로 인한 지속적인 인구 유입, 낮은 실업률[4], 꾸준한 관광객 증가[5] 등으로 소비가 활발하다는 점 또한 CMT과 같은 리테일 리츠의 전망을 밝게 하고 있다.

싱가포르 오피스에 투자하는 '캐피탈랜드 커머셜 트러스트'

싱가포르는 영토는 작지만 아시아에서 가장 탄탄한 경제를 자랑한다. 경제 전망·분석업체 옥스퍼드 이코노믹스에 따르면, 싱가포르의 1인당 GDP는 5만 9600달러로 홍콩(4만 5500달러), 일본(3만 5700달러), 한국(3만 1200달러)보다 높은 아시아 최상위권에 속한다. 실업률도 2%대에 불과하다(한국의 2019년 1·4분기 실업률은 4.0%였다).

또한 아시아를 대표하는 금융 중심지라 글로벌 금융기관들도 이곳에 아시아 본부를 두는 경우가 많다. 영국 컨설팅기관 지엔

4 2019년 2분기 기준 2.2%

5 2018년 싱가포르를 찾은 방문객은 전년대비 6.2% 증가한 1850만 명을 기록했다. 참고로 2018년 한국을 방문한 외국인 관광객은 1530만 명 수준이다.

(Z/YEN)에 따르면 '2019 국제금융센터지수'에서 홍콩(4위), 상하이(5위), 도쿄(9위)를 제치고 아시아에서 가장 높은 3위를 차지하기도 했다(1위는 런던, 2위는 뉴욕). 최근에는 경쟁자인 홍콩에서 '범죄인 인도 법안(송환법)' 반대 시위가 날로 격화되면서 홍콩에 거점을 둔 다국적기업들이 싱가포르로 이전을 검토한다는 얘기도 들린다. 홍콩에서 벌어지고 있는 일은 안타깝지만, 앞으로 싱가포르가 아시아 거점으로 더욱 주목받을 가능성이 크다.

이 같은 탄탄한 경제와 풍부한 임차 수요 덕에 싱가포르 오피스 시장도 수년간 안정적으로 유지될 수 있었다. 싱가포르 오피스 시장을 대표하는 도심지역은 마리나베이, 래플즈플레이스, 센턴웨이, 탄종파가, 시청·마리나, 비치로드·미들로드, 오차드로드·스카츠로드 등 총 7개 권역이다. 글로벌 부동산 컨설팅 업체 CBRE에 따르면 싱가포르 도심지역의 2018년 공실률은 5.2%로 전년보다 하락했는데, 서울과 비교해보면 공실률이 어느 정도인지 짐작할 수 있을 것

싱가포르 중심지 탄종파가역에 위치한 캐피탈타워 (출처: 위키피디아)

이다. 서울은 수년간 공실률 10%를 웃돌고 있는데, 오피스 3대 권역(도심, 여의도, 강남)에서까지 2019년 2·4분기 프라임 오피스 공실률이 10%를 넘었다. 반면 싱가포르는 글로벌 금융위기 직후인 2009년을 제외하고는 10% 미만을 계속 유지했을 정도로 오피스 임대차 시장이 안정적이다.

이 안정적인 시장에 투자하는 대표적인 리츠가 바로 캐피탈랜드 커머셜 트러스트(CCT)다. CCT는 지난 2004년 5월 싱가포르 증시에 상장했으며, 대표자산으로는 캐피탈타워가 있다.

캐피탈타워는 싱가포르 도심 핵심지역인 탄종파가 역에 있는데, 캐피탈랜드 본사를 비롯해 글로벌 부동산 시장의 큰손 싱가포르투자청(GIC)과 JP모건체이스뱅크 등 내로라 하는 기업들이 입주해 있다. 필자도 2016년 GIC와 캐피탈랜드를 만나기 위해 캐피탈타워를 방문했는데, 실제로 보니 싱가포르의 어떤 오피스 빌딩보다 입지가 좋았다. 그 밖에 CCT가 보유한 자산들, 즉 아시아스퀘어타워2, 캐피타그린, 식스배터리로드, 원조지스트리트, 21콜리어키, 부기스빌리지 등도 모두 도심의 핵심에 자리하고 있다.

그 외에도 연면적 63만 5000㎡ 규모의 캐피탈스프링을 2021년 상반기 준공 목표로 개발 중이며, 래플스시티 싱가포르 지분의 60%를 가지고 있다(래플스시티는 CMT에도 편입되어 있다). 말레이시아 증시에 상장된 'MRCB-퀼 리츠(MRCB-Quill REIT)'의 지분도 11% 보유 중인데, 말레이시아 수도 쿠알라룸푸르를 비롯한 주요

CCT 자산 위치도

도시에 11개의 자산을 가진 곳이다.

또한 CCT는 최근 독일 프랑크푸르트 공항 인근에 위치한 메인 에어포트 센터(MAC) 오피스를 인수하는 등 유럽 지역으로도 투자 대상을 확대하고 있다. 그에 앞서 프랑크푸르트 도심에 있는 갈릴레오타워를 매입하기도 했다.

2018년 말 기준 CCT의 보유자산 총 가치는 96억 9050만 싱가포르달러로, 2014년 65억 2110만 싱가포르달러에 비해 4년 만에 48.6% 증가했다. 특히 공실률이 1%가 되지 않을 정도로 안정적인 자산에 투자하는데, 이는 꾸준히 증가하는 실적으로도 나타난다. 2018년 매출액은 전년대비 14.0% 증가한 5억 5740만 싱가포르달러, 영업이익은 15.2% 늘어난 4억 3900만 싱가포르달러였다. 배당가능이익 또한 3억 2170만 싱가포르달러로 11.3% 증가했다.

안정성을 중시하는 '선텍 리츠'

선텍 리츠(Suntec REIT)는 오피스와 리테일에 투자하는 리츠로, CCT처럼 싱가포르 오피스 시장에 주로 투자한다. 상장 시기는 2004년 9월로, 싱가포르 증시에 상장된 첫 복합 리츠였다.

대표적인 자산은 싱가포르에 위치한 '선텍 시티'다. 선텍 시티는 마리나베이와 도심 사이에 있으며, 프라임 오피스 빌딩과 세계적인 수준의 컨벤션센터 및 전시장, 싱가포르에서 가장 큰 쇼핑몰로 구성되어 있다.

선텍 리츠는 선텍 시티 오피스 지분의 59.0%, 선텍 시티 몰 지분 100%, 컨벤션센터 및 전시장 지분의 60.8%를 소유한다. 도심지역에 위치한 원 래플스 키, 마리나베이 중심부의 마리나베이 파이낸셜 센터(MBFC)[6]도 있다. 2014년부터는 해외투자를 시작하면서 호주 시드니와 멜버른 등에 위치한 자산을 사들였는데, 앞으로 더욱 확대해나갈 방침이다. 실제로 유럽에 위치한 자산 매입을 추진하고 있기도 하다.

선텍 리츠의 전략은 안정적인 임대수익을 올릴 수 있는 우량자산에 투자하는 것이다. 일례로 선텍 리츠는 지난 2016년 여의도 국제금융센터(IFC) 매각 시 입찰에 참여한 적이 있는데, 당시 공실률이 높은 IFC 3빌딩을 제외한 IFC 1빌딩과 2빌딩에만 인수 의사를 보였다. 당시 매도자인 AIG는 전체 자산을 매입하는 곳을 우선했기 때문에 선텍 리츠가 인수하지는 못했지만, 이들의 전략을 엿볼 수 있는 사례로 남았다.

2018년 말 기준 선텍 리츠의 총 운용자산은 99억 싱가포르달러로 전년대비 3.1% 증가했는데, 상장 당시인 22억 싱가포르달러에 비하면 4배 이상 커진 규모다. 배당가능이익은 2억 6680만 싱가포르달러로 전년대비 1.4% 늘었으며, 상장 당시 8710만 싱가포르달러에 비해 3배 이상 증가하는 등 성장세가 견조하다.

자산비중은 선텍 시티가 52%로 가장 크고, MBFC가 16%, 선텍 싱가포르와 호주 시드니 도심지역에 위치한 177 퍼시픽 하이웨이

---

6 원 래플스 키, MBFC는 선텍 리츠, 케펠 리츠, 홍콩의 부동산 투자회사 홍콩 랜드(Hongkong Land)가 각각 지분을 3분의 1씩 소유하고 있다.

가 10%씩 차지하고 있다. 오피스 임대율은 98.7%, 리테일 임대율은 99.1%다. 자산별로 보면 전체 수익의 66%는 오피스, 28%는 리테일, 6%는 컨벤션이 담당한다.

다변화된 임차인 분포 덕에 임대차계약 기간이 분산돼 있어 리스크 관리가 안정적인 것도 장점이다. 스탠다드차타드은행, UBS, 바클레이즈, 도이치은행, 페이팔, 시만텍, E&Y 등이 선텍 리츠에 편입된 오피스의 10대 임차인인데, 이들이 차지하는 면적 비중은 30% 정도이고 매월 총 임대료 비중은 약 20%다. 임차인 비중이 균형 잡혀 있다는 뜻이다. 임대차계약 만료 기간도 고르게 분포되어 있다. 면적 기준으로 2019년부터 2024년까지 매년 계약만기가 돌아오는 임차인 비중을 살펴보면 2021년이 25.4%로 가장 많고, 임대료 기준으로는 2024년이 27.3%로 가장 많다.

특히 주목할 것은, 현재 상대적으로 낮은 임대료로 계약한 임차인들이 많은데 이들의 만기가 돌아오고 있다는 점이다. 과거보다 임대료가 높아져, 기존 임차인들이 재계약을 할 경우 전체적인 임대료가 상승할 여지가 있다. 새로 계약을 맺는 임차인들도 현재보다 임대료를 많이 낼 가능성이 높다. 리테일 또한 10대 임차인의 비중이 면적 기준 30%가 채 되지 않으며, 총 임대료에서 차지하는 비중은 이보다 더 낮은 5% 수준이다.

선텍 리츠를 운용하는 ARA의 대주주는 미국계 사모펀드 워버그핑크스다. 워버그핑크스는 지난 2017년 홍콩계 부동산 투자사

ARA의 최대주주로 올라섰는데, ARA 인수 후 자산규모 확대에 나서고 있어 향후 선텍 리츠의 투자 규모도 더 빠르게 늘어날 것으로 예상된다.

처음으로 한국 오피스 시장에 투자한 '케펠 리츠'

싱가포르 리츠의 특징 중 하나는 해외투자에 적극적이라는 점이다. 하지만 처음부터 그랬던 것은 아니고, 2008년 글로벌 금융위기 이후 투자 대상을 다변화하고 규모를 키우기 위해 적극 나서기 시작했다. 한국에도 메이플트리로지스틱스트러스트(MLT), 아센다스호스피탈리티트러스트(A-HTRUST), 케펠 리츠 등 3개의 리츠가 투자했다. 이번에 소개할 곳은 바로 이 세 리츠 중 하나인 케펠 리츠로, 한국 오피스 시장에 처음으로 투자한 싱가포르 리츠다.[7]

케펠 리츠는 싱가포르와 호주, 한국 등에 위치한 프라임 오피스 빌딩에 투자한다. 2019년 6월 말 기준 총 10개의 자산을 소유하고 있으며, 싱가포르에는 원 파이낸셜 센터(79.9%), 부기스 정션 타워

7 MLT는 물류센터, A-HTRUST는 호텔에 투자하는 리츠다.

(100%), 마리나베이 파이낸셜 센터(33.3%), 원 래플스 키(33.3%) 등 4개의 자산을 보유하고 있다. 또 호주에는 시드니, 브리즈번, 멜버른, 퍼스 등 주요 도시에 5개 자산이 있고, 한국에는 서울역 인근 T타워를 보유하고 있다. 전체 자산의 82.3%가 싱가포르에 있으며, 호주가 14.1%, 한국은 3.6%다.

케펠 리츠는 안정성을 중시한다. 2008년부터 2018년까지 2011년 한 해를 제외하고는 공실률이 한 번도 5% 이상을 넘기지 않았다. 2019년 6월 말 기준 공실률도 0.9%에 불과하다. 임대 기간도 마찬가지여서 상위 10개 임차인의 평균 임대 기간은 7.5년, 전체 포트폴리오의 임대 기간은 5.3년이다. 따라서 장기적이고 안정적인 임대 수익이 가능하다.

주로 투자하는 싱가포르 도심 핵심권역뿐 아니라 시드니, 멜버른, 브리즈번, 퍼스의 오피스 임대차 시장 공실률도 안정적이다. 특히 주요 10대 임차인에는 싱가포르 1위 은행 DBS와 서호주주정부, 스탠다드차타드은행, E&Y, BNP피라지, UBS, ANZ 등 신뢰도 높은 주요 금융기관과 정부관련기관 등이 포함돼 있으며, 이들이 순임대면적(NLA·Net Leasable Area)의 37.2%를 차지한다.

다른 싱가포르 리츠와 마찬가지로 케펠 리츠도 투자자들에게 신뢰를 주는 스폰서의 존재가 중요하다. 케펠 리츠는 싱가포르를 대표하는 부동산 투자회사 중 하나인 케펠 랜드가 설립했으며, 2006년 4월 싱가포르 증시에 상장됐다. 이 케펠 랜드가 케펠 리츠

지분의 43.5%를 소유하고 있다.

미국 테크 시티에 집중 투자하는 '케펠 퍼시픽 오크 US 리츠'

세계 최대 전자상거래업체 아마존이 2017년 9월 제2본사 후보지 접수를 받았다. 미국, 캐나다, 멕시코 등 북미지역 수백 개 도시가 유치를 위해 뛰어들었는데, 미국에서는 50개 주 가운데 43개 주가 참여했고 캐나다에서는 10개 도시, 멕시코에서는 3개 주가 신청했다.

이들 도시가 아마존 본사 유치에 사활을 건 이유는 일자리 창출을 비롯해 지역경제에 미치는 파급효과가 엄청나기 때문이다. 아마존은 지난 2010년 시애틀로 본사를 옮긴 후 37억 달러를 투자하고 약 4만 명을 고용했는데, 그에 따른 유입 인구가 엄청나 2010년부터 2016년까지 7년간 약 11만 명이 늘었다. 또한 아마존 같은 테크 기업들은 오피스 시장에도 긍정적인 영향을 미친다. 실제로 2018년 4·4분기 미국 오피스 임대차 시장에서 테크 분야가 차지하는 비중은 34.4%를 기록해, 전통적으로 수요가 많은 금융 서비스 분야(18.8%)를 크게 앞질렀다.

케펠 퍼시픽 오크 US 리츠(Keppel Pacific Oak US REIT)는 시애틀과

최근 테크 시티로 주목받고 있는 지역에 집중적으로 투자하는 리츠다. 미국 오피스 시장에서는 뉴욕이나 보스턴, 시카고 등의 대도시가 전통적인 시장으로 꼽힌다는 사실을 감안하면 꽤 특징적이라 할 수 있다. 미국 상무부에 따르면 2013년부터 2017년까지 실질 GDP 평균 성장률은 떠오르는 테크 시티로 꼽히는 오스틴(6.4%)과 시애틀(4.0%)등이 뉴욕(1.1%), 시카고(1.4%), 보스턴(2.2%) 등 전통적인 관문 도시(Gateway Cities)를 크게 앞질렀다. 인구 증가율과 고용 증가율도 비슷한 흐름을 보이고 있다.

케펠 퍼시픽 오크 US 리츠는 비교적 최근인 2017년 11월에 상장했고, 2019년 6월 말 기준 시애틀, 새크라멘토, 덴버, 오스틴, 휴스턴, 애틀랜타, 올란드 등 7개 도시의 13개 자산에 투자하고 있으며, 총 자산규모는 10억 9000만 달러다. 케펠 리츠와 마찬가지로 케펠 랜드 계열의 케펠 캐피탈이 스폰서로 참여하고 있다.

싱가포르 대표 물류 리츠 '메이플트리로지스틱스트러스트'

최근 전 세계 상업용 부동산 시장에서 투자자들에게 가장 뜨거운 관심을 받고 있는 자산은 '물류센터'다. 이커머스 시장이 빠르게 커지고 있기 때문인데, 대형마트와 같은 오프라인 매장을 찾는 사람들의 발길은 갈수록 뜸해지는 반면 온라인 배송 시장의 성장은 눈부실 정도다. 필자 역시 특별한 경우가 아니면 대형마트를 거의 찾지 않는다. 장을 보려고 대형마트를 찾은 기억을 더듬어보니 한 달간 딱 한 번 있었다. 하지만 온라인에서는 최소 일주일에 한 번씩 장을 보고 집 앞으로 배송시킨다. 그뿐인가, 계란이나 두부는 매주 화요일 아침에 정기적으로 받고 있다. 이렇게 사람들의 생활패턴이 변화하면서 이커머스 서비스가 갈수록 빨라지고 다양해지는 추세다.

이커머스가 진화하고 성장하면서 관련 기업들도 이목을 끌고 있다. 대표적인 기업이 아마존이다. 세계 최대 이커머스 업체인 아마존은 2018년 전년대비 31% 증가한 2329억 달러의 매출액을 기록했으며, 순이익은 101억 달러로 3배 이상 성장했다. '오마하의 현인'으로 불리는 워런 버핏 버크셔해서웨이 회장도 최근 아마존에 투자를 시작했다고 밝혔다. 과거 IT기업을 비롯한 성장주에는 투자하지 않겠다고 공언했는데도 말이다.

아마존뿐 아니라 전 세계적으로 대형 전자상거래 업체들이 등장하고 있다. 중국에서는 마윈이 설립한 '알리바바'가 고속 성장을 구가하고 있으며, 한국에서는 롯데쇼핑·신세계백화점그룹·현대백화점그룹 등 유통 공룡들이 대규모 투자 계획을 잇달아 발표하면서 온라인 강화에 팔을 걷어붙이고 있다. 소프트뱅크 손정의 회장도 지난 2015년 쿠팡에 10억 달러(약 1조 2000억 원)를 투자하고 이후 비전펀드를 통해 20억 달러를 추가 투자하는 등 이커머스 성장에 베팅했다. 손 회장은 알리바바, 인도의 스냅딜·플립카트, 인도네시아의 토코피디아 같은 이커머스 업체에도 투자했다.

이 같은 흐름은 부동산 투자시장에도 큰 영향을 미치고 있다. 이커머스의 성장으로 물류센터 수요가 크게 늘어나고 있기 때문이다. 실제로 최근 국내 운용사와 기관투자자는 물론 해외 투자자들에게 향후 유망한 투자처를 물으면 가장 먼저 물류센터를 꼽는다.

이 같은 시장 분위기를 단적으로 보여주는 사례가 있다. 국민연금은 지난 2018년 물류센터 투자에 특화된 ADF자산운용과 함께 국내 최초로 물류센터에 투자하는 블라인드 펀드를 조성했다. 이 펀드에는 행정공제회도 투자자로 참여해 총 3500억 원 규모의 대형 블라인드 펀드가 만들어졌다. 그 외에 블랙스톤, 콜버그크래비스로버츠(KKR) 등 세계적인 사모펀드 운용사들도 한국 물류센터 시장에 적극적으로 투자하고 있다.

해외 시장에서도 물류센터는 가장 각광받는 투자처로 떠올랐다. 최근 개인투자자들이 해외 물류센터에 투자할 수 있는 부동산 공모 펀드 상품들이 소개되면서 관심을 끌기도 했다.

다시 싱가포르로 돌아와 보자. 싱가포르 증시에도 물류센터 리츠가 다수 상장되어 있다. 그중에서도 가장 대표적인 리츠가 바로 '메이플트리로지스틱스트러스트(MLT)'다. MLT는 한국 12개 물류센터에 투자하는 등 우리나라 투자에도 적극적이기 때문에 국내에도 잘 알려져 있다.

MLT는 지난 2005년 7월 싱가포르 증시에 상장됐다. 당시 보유자산은 총 15개로 전부 싱가포르에 있었으며, 자산가치는 4억 2200만 싱가포르달러였다. 하지만 이커머스 성장 흐름에 맞춰 꾸준히 성장해, 2019년 3월 말 기준 총 자산 141개, 총 자산가치 80억 달러로 기업공개 당시에 비해 20배 정도 커졌다. 싱가포르에만 국한돼 있었던 투자 지역도 현재는 싱가포르(52개), 홍콩(9개), 일본(20개), 호주(10개), 한국(12개), 중국(20개), 말레이시아(14개), 베트남(5개) 등 8개국에 보유자산이 고루 분포되어 있다.

시가총액도 상장 첫해 5억 6790만 싱가포르달러 규모였으나 2019 회계연도 기준 52억 8860만 달러를 기록하며 10배 이상 성장했다. 매출액은 2019 회계연도 기준 4억 5426만 싱가포르달러(약 3950억 원)로 전년대비 14.9% 성장했으며, 이는 10년 동안 2배 이상 커진 수치다.[8] 국가별 매출 비중은 싱가포르(36.2%), 홍콩(24.7%), 일본(13.4%), 호주(8.1%), 한국(6.3%), 중국(5.8%) 순이다. 영업이익은 3억 8946만 싱가포르달러로 전년대비 16.6% 증가했다. 총 배당금 또한 늘어서, 지난해에 비해 21.8% 증가한 2억 8704만 싱가포르달러를 기록했다.

2019년 3월 기준 공실률도 2%로 안정적인 수준이다. 대부분의

---

8 2009 회계연도 매출액은 2억 680만 싱가포르달러였다.

싱가포르 리츠와 마찬가지로 MLT도 공실률을 안정적으로 유지하기 위해 주로 임차인이 확보된 실물자산 위주로 투자하며, 개발사업은 아주 적은 비중으로 제한을 두고 있기 때문이다.

MLT는 앞서 소개한 CMT와 마찬가지로, 싱가포르 정부와 연결된 믿음직한 스폰서인 메이플트리가 주요 주주다. 메이플트리는 부동산 개발부터 투자, 자금 유치, 자산운용까지 아우르는 싱가포르 대표 부동산 회사로, 2019년 3월 말 기준 소유하고 운영하는 총자산규모가 557억 싱가포르달러에 이른다. 메이플트리의 대주주는 싱가포르의 국부펀드인 테마섹이라 투자자들의 신뢰도가 높다.

MLT의 시가총액은 2019년 3월 말 기준 53억 싱가포르달러로 1년 전에 비해 40.6%나 올랐다. 2018~2019 회계연도 배당수익률도 싱가포르 10년물 국채 수익률(2.1%)에 비해 3.3%p 높은 5.4%다. 또 같은 기간 주가상승률과 배당수익률을 합한 토털 리턴은 25.2%를 기록하며 FTSE 리츠 인덱스(FTSE REITs Index) 수익률 11.2%를 크게 웃돌았다.

2014년 3월 말 이후 MLT의 5년간 토털 리턴은 76.0%, 2005년 7월 28일 상장 이후 토털 리턴은 251.7%에 달한다. 상장 후 주가는 114.7% 올랐다. 앞으로의 성장성을 짐작케 하는 수치다.

참고로, MLT와 함께 물류센터에 투자하는 대표적인 싱가포르 리츠로 '프레이저스 로지스틱스&인더스트리얼 트러스트(FLT)'가 있다. 2016년 6월 상장된 FLT는 싱가포르 증시에 상장됐지만 특이

〈MLT 성장 추이〉

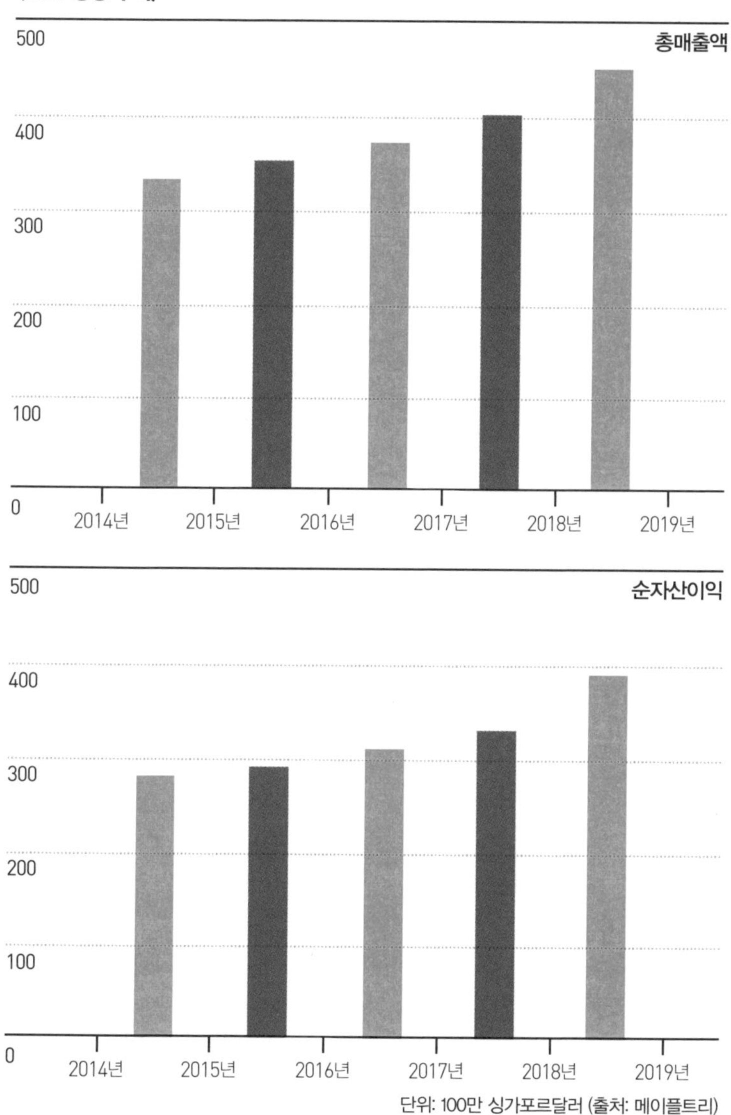
총매출액
500
400
300
200
100
0
2014년
2015년
2016년
2017년
2018년
2019년
순자산이익
500
400
300
200
100
0
2014년
2015년
2016년
2017년
2018년
2019년
단위: 100만 싱가포르달러 (출처: 메이플트리)

하게도 싱가포르에 투자하는 자산이 없다. 대신 시드니, 브리즈번, 멜버른 등 호주(56.2%)와 독일(35.9%), 네덜란드(7.9%)에 위치한 93개의 자산에 투자하며, 스폰서로는 총 자산운용규모가 320억 싱가포르달러인 프레이저스 프로퍼티가 참여하고 있다.

그 외에 ARA에셋매니지먼트가 운용하는 '캐시 로지스틱스 리츠(Cache Logistics Trust)'도 물류센터에 투자한다. 캐시 로지스틱스 리츠는 2019년 6월 말 기준 싱가포르(10개)와 호주(17개)에 13억 1000만 싱가포르달러 규모의 자산을 운용하고 있다. ARA코리아는 지난 2017년 국내에서 캐시 로지스틱스 리츠에 투자하는 ARA글로벌리츠를 만들어 고액자산가와 기관투자자로부터 172억 원을 모집하기도 했다.

4차 산업혁명에 투자하는 '아센다스 리츠'

아시아 금융 허브로 잘 알려진 싱가포르는 정부 차원에서 제조업 육성에 큰 노력을 기울이고 있다. 싱가포르의 국부(國父)로 칭송받는 리콴유 전 싱가포르 총리는 일찍이 "산업혁명 이후 어떤 나라도 제조업 강국을 거치지 않고 경제대국이 된 적이 없다"며 제조업 육성의 중요성을 강조하기도 했다. 비록 싱가포르 GDP에서 금융을 비롯한 서비스업이 약 70%로 절대적인 비중을 차지하고 있기는 하지만, 일자리 창출 등 제조업이 만들어내는 사회경제적 가치가 높기 때문이다.

이 제조업을 비롯한 싱가포르 산업에 투자하는 리츠가 있다. 바로 산업용 리츠다. 싱가포르 증시에 상장된 리츠 중 산업용 리츠의 비중은 약 25%, 그만큼 투자 기회가 많다.

아센다스 리츠(Ascendas REIT)는 2018~2019 회계연도 기준 자산규모가 111억 4000만 싱가포르달러로, 싱가포르증권거래소에 상장된 산업용 리츠 중 대장주라 할 수 있다. 전체 자산 중 33%를 비즈니스·사이언스 파크가 차지하고 있으며, 데이터센터가 20%, 싱가포르(11%), 호주(11%), 영국(7%) 등에 위치한 물류센터가 29%다. 보유자산은 총 171개로, 싱가포르에 98개(79%)[9], 호주에 35개(14%), 영국에 38개(7%)가 위치해 있다.

최근에는 해외 자산을 적극적으로 매입하면서 투자 지역을 확대하고 규모도 키우고 있다. 2018년 영국 물류센터 38개를 인수하면서 영국 투자 시작을 알렸으며, 호주에서도 물류센터 4개를 더 인수해 전체 운용자산 중 해외투자 비중이 21%로 높아졌다.

미래를 위해 4차 산업혁명을 선도하는 기업들과 협업해 안정적인 자산을 발굴하려는 노력도 계속하고 있다. 최근에는 동남아시

---

9 비중은 자산규모 기준이다.

아의 우버라 불리는 '그랩(Grab)'과 파트너십을 맺고 2020년 말까지 싱가포르에 1억 8120만 싱가포르달러 규모의 비즈니스 파크를 조성하겠다고 밝혔다.

보유자산 임대율은 2019년 3월 말 기준 싱가포르가 88.3%, 호주 98.0%, 영국 100%이며, 전체 임대율이 91.9%를 기록할 정도로 안정적이다. 매출액, 영업이익, 자산규모 등 모든 면에서 매년 꾸준한 성장세를 보이고 있다.

2018~2019 회계연도 기준 매출액은 8억 8620만 싱가포르달러로 2014~2015 회계연도(6억 7350만 싱가포르달러) 대비 31.6% 성장했으며, 같은 기간 순자산이익(net property income)[10]은 4억 6270만 싱가포르달러에서 6억 4960만 싱가포르달러로 40.4% 증가했다. 총 자산규모는 39.9%, 자산 수는 107개에서 171개로 늘었다. 성장세가 좋을 뿐 아니라, 싱가포르 대표 부동산회사인 아센다스 싱브리지가 지분 19%를 가진 스폰서로 참여하고 있어 투자자들의 신뢰도 높다.

메이플트리 인더스트리얼 트러스트(MIT)도 대표적인 산업용 리츠다. 2010년 10월 싱가포르 증시에 상장된 MIT는 주로 제조시설, 데이터센터, 오피스, 물류센터 등에 투자하는데, 2019년 3월 말 기준 총 자산운용규모는 48억 싱가포르달러다.

---

10 총 매출에서 자산 관리 비용, 재산세, 자산과 직접적으로 연결된 운영비용을 뺀 것이다.

싱가포르에서는 87개의 산업용 부동산에 투자하고 있으며, 미국에서는 14개 데이터센터에 투자해 총 101개의 자산을 소유 중이다. 2018년 말 기준 싱가포르에 위치한 자산이 90.9%, 미국이 9.1%였다. 유형별로는 하이테크빌딩이 43.5%로 가장 큰 비중을 차지하고 있으며, 공장(32.9%), 비즈니스파크빌딩(12.1%), 미국 데이터센터(9.1%), 싱가포르 데이터센터(8.6%) 등이 뒤를 잇는다. 매출 상위권에는 HP(9.2%), AT&T(3.2%), ST텔레미디어(2.7%), 에퀴닉스(2.6%) 퀄컴(0.9%) 등의 임차인이 있는데, 이렇듯 10위권 내 임차인 비중이 25.3%로 비중이 낮다는 사실은 임차인이 다양해 변동성 우려가 적다는 점을 시사한다. 또한 업종별로 보더라도 제조업(40.81%), IT(18.80%), 금융·컨설팅(11.57%), 유통(18.57%) 등 비교적 다양하게 분포되어 있어 한 가지 산업이 부진하더라도 크게 흔들리지 않는다.

2019~2020 회계연도 매출액은 9957만 싱가포르달러로 전년 대비 8.8% 성장했으며, 순자산이익은 7791만 싱가포르달러로 12.2% 증가했다. 또 배당가능이익은 3.3% 증가한 6320만 싱가포르달러로, 상장 당시인 2010~2011 회계연도(2230만 싱가포르달러)에 비해 3배 가까이 커졌다.

싱가포르 정부와 연결된 믿음직한 메이플트리가 지분 31.7%를 소유하면서 스폰서 역할을 하고 있다는 점도 신뢰도를 높인다.

싱가포르 유일의 데이터센터 투자 리츠 '케펠 DC 리츠'

2018년, 삼성전자와 SK하이닉스 등 한국을 대표하는 메모리 반도체 업체들은 반도체 초호황(슈퍼사이클)으로 사상 최대 실적을 기록했다. 삼성전자의 2018년 영업이익은 58조 8900억 원, SK하이닉스의 영업이익은 20조 8438억 원이었다. 이들 업체에 떼돈을 벌게 해준 것은 다름 아닌 아마존, 구글, 마이크로소프트, 페이스북, 화웨이 등 서버 업체들이다. 데이터센터와 클라우드 인프라스트럭처(사회적생산기반) 확충을 위해 메모리 반도체를 대량 구매한 것이다.

2019년 들어 서버 업체들의 재고가 늘어나면서 반도체 구매가 지연돼 업황이 둔화되긴 했지만, 장기적으로 봤을 때 수요가 꾸준히 늘어날 것임을 의심하는 사람은 없다. 전 세계적으로 데이터센터 수요가 계속해서 생겨날 전망이기 때문이다.

국내도 상황은 비슷하다. 삼성SDS는 2019년 7월 강원도 춘천에서 다섯 번째 데이터센터를 운영하기 시작했다. 최근 급증한 데이터센터 수요에 발맞추기 위해서다. 한국 최대 IT기업인 네이버는 세종시에서 춘천에 이은 제2데이터센터 설립을 추진하고 있다. 미국에 상장된 리츠인 디지털 리얼티 트러스트도 서울 상암동에 데이터센터를 건립할 계획이다.

컨설팅업체 브로드그룹(BroadGroup)에 따르면 전 세계 클라우드 인프라스트럭처 시장은 2019년부터 2023년까지 연평균 25%씩 성장할 전망이다. 2019년 본격적으로 시작된 5세대 이동통신(5G)도 데이터센터 수요를 폭발적으로 증가시킬 것으로 보인다. 5G는 4G에 비해 2.6배 많은 트래픽을 발생시키기 때문이다. 이에 따라 초대형 데이터센터 운영사 실적도 견조한 흐름을 보일 것으로 예상된다.

싱가포르 상장리츠 중에서도 데이터센터 수요 증가에 따른 수혜를 기대할 만한 종목이 있다. 바로 싱가포르 증시에 상장된 유일한 데이터센터 투자 리츠 '케펠 DC 리츠(Keppel DC REIT)'다.

케펠 DC 리츠는 지난 2014년 12월 상장됐으며, 주로 아시아와 유럽에 위치한 데이터센터에 투자한다. 현재 싱가포르에 4개(51%), 호주에 4개(15%), 아일랜드에 2개(9.2%), 네덜란드에 1개(7.1%), 독일에 1개(6.9%), 영국에 2개(6.5%), 이탈리아에 1개(2.9%), 말레이시아에 1개(1.4%) 등 총 16개의 자산을 보유하고 있다. 상장 당시에는 6개국에 총 8개 자산이 있었고 자산규모도 10억 달러 정도였으나 2018년 말에는 2배 정도 성장해 8개국에 총 15개의 자산이 있는 20억 달러 규모 리츠가 되었다.

실적도 꾸준히 증가하고 있다. 2018년 매출액은 1억 7553만 싱가포르달러로 전년대비 26.2% 증가했으며, 영업이익은 1억 5763만 싱가포르달러로 26.0% 늘었다. 배당금은 전년대비 증가한

9609만달러로 반년에 한 번씩 배당을 주고 있다. 임대율은 93.2%, 잔여 임차기간은 8.0년으로 안정성이 돋보인다.

데이터센터 투자 리츠로서 케펠 DC 리츠의 가장 큰 매력은 스폰서인 케펠 텔레커뮤니케이션&트랜스포테이션(Keppel T&T)의 존재다. 케펠 랜드 계열사인 케펠 T&T는 실제로 데이터센터를 개발하고 운영해본 경험이 있어 케펠 DC 리츠에도 이 노하우가 스며들어 있다.

케펠 그룹 내에서의 시너지 효과도 빼놓을 수 없다. 한 예로 케펠은 2018년 초 1조 원 규모의 데이터센터 펀드를 모집해 현재 5억 달러 정도 투자를 진행했다. 이 펀드는 대부분 개발사업에 투자하는 밸류애드 성격인데, 자산을 안정화한 후 케펠 DC 리츠에 매각할 가능성이 높다. 케펠 DC 리츠가 향후 우량자산을 안정적으로 확보할 수 있는 길이 열린 것이다.

전 세계 호텔에 투자하는 '애스콧 레지던스 트러스트'

2017년 2월 가족과 함께 호주 멜버른을 찾았다. 숙소는 '시타딘 온 보르크 멜버른'으로, 싱가포르를 대표하는 레지던스 리츠 '애스콧 레지던스 트러스트(Ascott Residence Trust)'의 자산이다. 필

〈자산운용규모 기준 지역별 투자자산 현황〉

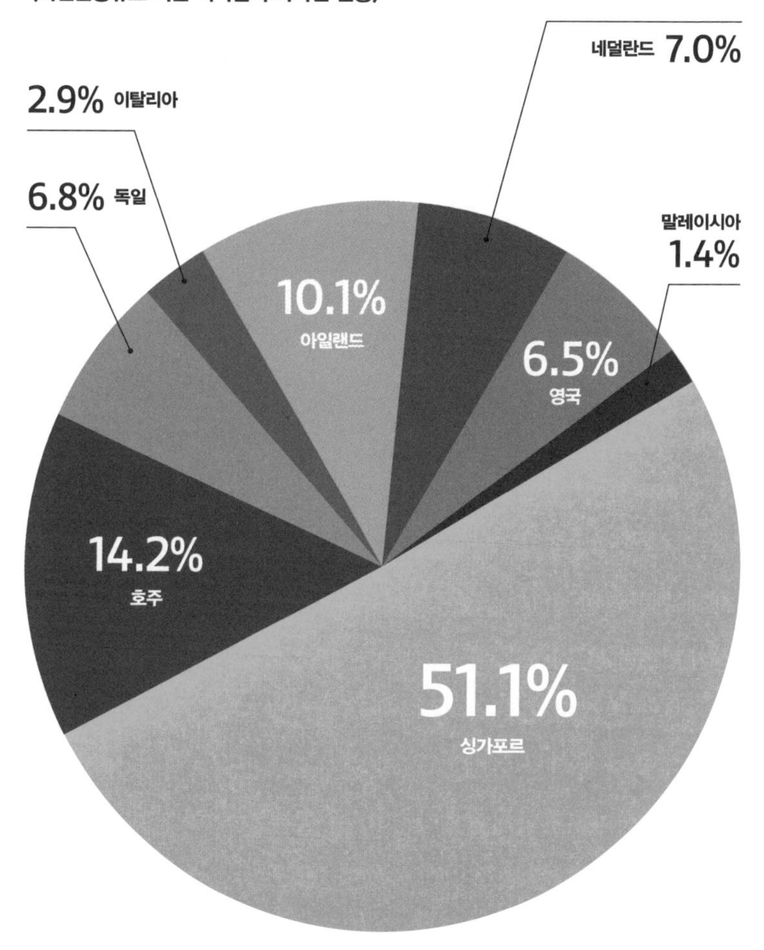

단위: % (출처: 케펠 DC 리츠)

자가 이 숙소를 선택한 이유는 도심 중심부에 위치하고 있어 어디로든 이동하기 편하기 때문이었는데, 이곳뿐 아니라 애스콧 리츠에 담겨 있는 자산들은 전 세계 주요 도시 중심부에 자리잡고 있어 접근성이 좋다.

서비스드 레지던스, 임대주택, 호텔 등에 투자하는 애스콧 리츠는 현재 싱가포르, 호주, 벨기에, 중국, 프랑스, 독일, 인도네시아, 일본, 말레이시아, 필리핀, 스페인, 영국, 미국, 베트남 등 전 세계 14개국, 37개 도시에 74개 자산을 보유하고 있다. 전체 자산의 60%는 아시아, 40%는 유럽 및 북미지역에 위치한다. 국가별로는 싱가포르가 20.3%로 가장 많고, 일본(12.8%), 미국(12.5%), 중국(10.0%) 순이다. 주로 서비스드 레지던스를 담고 있지만 임대주택 시장이 발달한 일본에서는 임대주택에도 투자한다. 2018년에는 싱가포르에서 처음으로 코리빙(Co-living)[11]자산에 투자하는 등 주거시장 변화에 따른 투자 대상 다변화도 꾀하고 있다. 자산 규모도 꾸준히 늘어서, 2006년 상장 당시 애스콧리츠의 총 자산규모는 11억 싱가포르달러였으나 2018년 말에는 53억 싱가포르달러로 5배 가까이 커졌다.

애스콧 리츠는 직접 자산을 운용하는 역량을 갖췄다는 점이 다

---

11 애스콧 리츠가 인수한 코리빙 자산은 현재 개발 진행 중이며, 문을 여는 2021년에는 특히 밀레니얼 세대의 수요가 크게 증가할 것으로 예상된다.

른 싱가포르 레지던스 리츠와의 가장 큰 차이점이다. 대부분의 레지던스 리츠들은 자산에 투자는 할 수 있어도 운용까지 하지는 않는다.

애스콧 리츠가 운용 역량을 갖춘 것은 스폰서 덕분이다. 애스콧 리츠의 스폰서는 캐피탈랜드의 100% 자회사인 애스콧으로, 애스콧(Ascott), 시타딘(Citadines), 섬머셋(Somerset) 브랜드를 직접 운용하고 있다. 애스콧은 1984년 설립되어 30년 이상 업력을 쌓은 회사로 브랜드가 12개에 달하며, 현재 33개국 170개 도시에 위치한 660개 자산을 운용하고 있다. 애스콧 리츠에 담긴 자산은 아니지만 한국에도 광화문과 제주에 섬머셋이 있고, 부산 해운대에는 시타딘도 있다.

이 스폰서 덕분에 애스콧 리츠는 자산운용 노하우를 갖추었을 뿐 아니라 안정적인 수익이 가능한 자산도 쉽게 확보할 수 있었다. 스폰서가 운영하는 자산 중 안정적인 배당수익을 제공할 만한 자산을 편입할 수 있기 때문이다.

그간 보여준 실적도 투자자들에게 신뢰를 주기 충분하다. 애스콧 리츠의 2018년 매출액은 5억 1430만 싱가포르달러로 전년대비 4% 증가했으며, 매출총이익은 2018년 말 2억 3940만 싱가포르달러로 전년대비 5% 성장했다. 총 배당금은 1억 5480만 싱가포르달러로 전년대비 2% 늘었으며, 상장 첫해(2460만 싱가포르달러)와 비교하면 6배 가까이 성장한 수치다. 2018년 말 기준 시가총액은 25억 싱가포르달러를 기록했다.

애스콧 리츠는 조만간 규모를 크게 키워 명실상부 싱가포르를 대표하는 리츠가 될 것으로 보인다. 스폰서인 애스콧의 모회사인 캐피탈랜드가 최근 아센다스를 인수하면서, 두 회사가 운용하고 있는 비슷한 성격의 리츠 간 합병을 추진하고 있기 때문이다. 애스콧 리츠도 2019년 12월 31일까지 '아센다스호스피탈리티트러스트'와 합병을 추진하고 있다.

아센다스호스피탈리티트러스트는 범아시아 지역에 투자하는 호텔 리츠로, 2019년 6월 말 기준 싱가포르, 한국, 호주, 일본 등 4개국 7개 도시에 위치한 14개 호텔을 소유하고 있다. 한국에서도 지난 2018년 이비스 앰배서더 인사동과 소테츠 호텔즈 더 스프라지르 서울 동대문을 인수한 바 있다. 총 자산가치는 18억 싱가포르달러이며, 자산 비중은 일본에 위치한 호텔이 38.1%로 가장 많고 호주가 33.6%, 싱가포르가 17.8%, 한국이 10.5%를 차지한다. 애스콧 리츠와 아센다스호스피탈리티트러스트가 합병하게 되면 애스콧 리츠의 자산규모가 크게 늘어나는 것은 물론, 자산 분포도 더욱 다변화될 것으로 보인다.

싱가포르의 대표적인 호텔 리츠로는 프레이저스 호스피탈리티 트러스트(FTH)도 빼놓을 수 없다. FTH는 2014년 7월에 싱가포르 증시에 상장된 호텔·서비스드 레지던스 투자 리츠다. 서비스드 레지던스 브랜드인 프레이저스 플레이스, 프레이저스 스위트를 보유하고 있으며, 아시아, 호주, 유럽 등 9개 주요 도시에서 총 15개의 자산을 담고 있다. 총 자산가치는 24억 싱가포르달러이며, 2019년 6월 말 기준 총 자산의 35%는 싱가포르, 32%는 호주, 14%는 영국, 9%는 일본, 6%는 말레이시아, 4%는 독일이다.

FTH의 스폰서는 24.6%의 지분을 보유한 프레이저스 프로퍼티[12]로, 총 자산운용규모가 320억 싱가포르달러에 달하는 대기업이다. 또 태국 최대의 재벌로 꼽히는 TCC그룹이 전략적 파트너로 참여하면서 지분 37.3%를 보유하고 있다.

고령화 시대에 투자하는 '파크웨이라이프 리츠'

고령화 시대에 접어들면서 전 세계적으로 헬스케어 산업이 새로운 성장동력으로 주목받고 있다. 삼성, SK 등 우리나라 대기업들도 헬스케어를 미래 먹거리 산업으로 보고 투자를 아끼지 않는 상황이다. 삼성은 삼성바이오로직스를 통해 바이오시밀러 시장에 뛰어들었으며, SK도 SK바이오팜, SK바이오텍 등을 통해 헬스케

12 프레이저스 프로퍼티는 FHT 외에도 프레이저스 센터포인트 트러스트, 프레이저스 커머셜 트러스트, 프레이저스 로지스틱스&인더스트리얼 트러스트의 스폰서이기도 하다.

어 산업을 육성하고 있다. 애플, 구글, 아마존 등 IT기업들도 헬스케어 산업에 경쟁적으로 뛰어들었다. 한 예로 애플은 지난 2018년 환자가 개별 병원의 진료 및 처방 기록, 진단 검사 결과, 예방 주사 기록 등을 자기 아이폰으로 받아서 진료 기록을 관리할 수 있는 '헬스 레코드(Health Record)' 프로젝트를 발표했으며, 애플워치에도 헬스케어 기능을 추가했다.

헬스케어 산업의 성장은 부동산 투자시장에도 큰 영향을 미치고 있다. 최근 각국의 리츠 시장에서는 산업 및 사회의 변화에 따라 과거에 볼 수 없었던 새로운 자산에 투자하는 리츠가 등장하고 있는데, 헬스케어 리츠도 그중 하나다.

싱가포르에도 헬스케어 산업에 투자하는 리츠가 있다. 바로 '파크웨이라이프 리츠(Parkway Life REIT)'다. 파크웨이라이프 리츠는 지난 2007년 보유자산 3개, 자산가치 8억 3000만 싱가포르달러였으나 2018년에는 보유자산 50개, 자산가치 18억 6000만 싱가포르달러로 성장했다. 전체 매출의 59.8%는 싱가포르, 39.7%는 일본, 0.5%는 말레이시아에서 발생한다. 자산 유형은 병원과 메디컬센터가 60.3%로 가장 많고, 요양원이 38.3%, 의약품 유통 및 제조시설이 1.4%다. 성장세도 꾸준하다. 지난 2007년 기업공개 이후 주당 배당금(DPU)이 103.6% 증가했다.[13]

---

13 2018년 말 기준

〈파크웨이라이프 리츠의 자산 구성〉

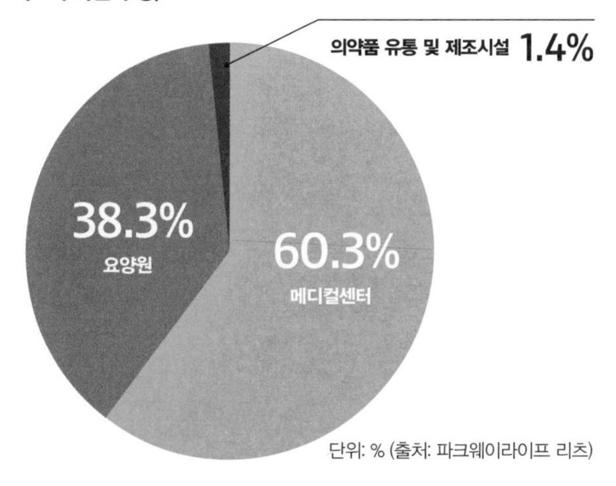

단위: % (출처: 파크웨이라이프 리츠)

싱가포르에 위치한 자산은 파크웨이 호스피탈스 싱가포르가 마스터리스를 하고 있는데, 이 회사는 싱가포르에서 가장 큰 헬스케어 운영 사업자인 파크웨이 판타이의 자회사다.

파크웨이라이프 리츠는 일본에도 투자를 아끼지 않는다. 알다시피 일본은 고령화로 인해 헬스케어 관련 산업이 빠르게 성장하고 있다. 오는 2050년이면 일본은 65세 이상 고령 인구가 전체 인구의 3분의 1 이상이 되며, 법과 규제도 잘 갖춰져 있어 시장 전망이 밝다. 파크웨이라이프 리츠의 전체 50개 자산 중 일본에 위치한 자산은 46개이며, 자산가치는 6억 9280만 싱가포르달러에 달한다. 자산 유형별로 보면 요양원이 45개, 의약품 유통 및 제조시설이 1개다. 특히 요양원은 23개의 다른 운영사업자로 구성해 임차인 리스크를 줄였다. 그 외에 말레이시아 수도인 쿠알라룸푸르에도 메디컬센터를 보유하고 있다.

호주 리츠 : 셀프 스토리지부터 펍과 농장까지

호주 퇴직연금 시장과 함께 성장한 '차터홀 그룹'

2016년 3월 호주 리츠 시장 취재차 출장을 간 적이 있다. 취재 과정에서 한국에서 보던 리츠와는 다른 형태의 리츠를 알게 됐는데, 바로 '스테이플드 리츠(stapled REITs)'였다. 스테이플드 리츠는 일종의 결합형 증권으로, 리츠가 투자한 자산과 자산관리회사가 결합된 형태의 리츠다. 리츠가 보유한 부동산에서 나오는 임대 수익과 자산관리회사의 수익을 배당 재원으로 삼는다. 호주에서는 2019년 10월 기준 호주증권거래소(ASX)에 상장된 47개 리츠 중 약 68%인 32개가 스테이플드 리츠일 정도로 일반화되어 있다.

'차터홀 그룹(Charter Hall Group)' 또한 스테이플드 리츠다. 차터홀 그룹의 연간 보고서에서는 스테이플드 리츠의 특징을 엿볼 수 있다. 투자자산 현황뿐 아니라 차터홀 그룹의 상장리츠[1]와 자사 및 타사 펀드의 현황, 자산관리, 임대차 업무, 매매 주선 등을 통해 발생하는 수익이 상세하게 나타나 있다.

호주에서 스테이플드 리츠가 성장할 수 있었던 배경 중 하나는 잘 발달된 퇴직연금 시장과 부동산 산업이다. 당시 출장에서 만난 차터홀의 투자유치본부장은 슈퍼애뉴에이션(퇴직연금) 펀드 규모가 매우 크기 때문에 모든 비즈니스 모델이 항상 퇴직연금을 기초로 설계된다고 말했다. 차터홀 또한 슈퍼애뉴에이션 도입 초기인 1994년부터 슈퍼애뉴에이션 펀드와 함께 일하면서 상품을 개발하고 있다.

차터홀만의 이야기가 아니다. 호주의 많은 리츠가 퇴직연금을 고려해 상품을 설계하며, 호주 퇴직연금에서도 리츠, 인프라 등 부동산 관련 투자 비중이 15%나 된다. 또한 호주 퇴직연금은 상장리츠뿐 아니라 비상장 부동산 시장에 모두 투자하기 때문에, 차터홀 같은 운용사들도 상장리츠부터 기관·일반 개인투자자들을 위한

---

1 차터홀 그룹은 스테이플드 리츠인 '차터홀 그룹 리츠'와 '차터홀 롱 웨일 리츠(Charter Hall Long Wale REIT)', 그리고 쇼핑센터에 투자하는 '차터홀 리테일 리츠(Charter Hall Retail REIT)'와 '차터홀 에듀케이션 트러스트(Charter Hall Education Trust)' 등 총 4개의 상장리츠를 운용하고 있다.

부동산사모펀드까지 다양한 상품을 만들어 운용하고 있다. 이처럼 호주 리츠 시장은 퇴직연금과 연계해 서로 시너지 효과를 내면서 성장했으며, 이 과정에서 전체 부동산 산업도 함께 발전했다.

취재 중 시드니에 위치한 차터홀 본사를 둘러볼 기회가 있었는데 적잖이 놀랄 수밖에 없었다. 필자가 알던 한국의 부동산 자산운용사에 비해 규모가 훨씬 컸고 직원 수도 많았던 것이다. 호주는 부동산 투자와 함께 자산관리 업무도 고도로 발달해 있어 운용사에도 많은 인력이 필요하다. 한마디로 스테이플드 리츠는 호주

〈호주 스테이플드 리츠 현황〉

상장 리츠	시가총액 *2019년 8월 말 기준	토털 리턴 *2019년 8월 말 기준 지난 1년간	투자대상
굿맨 그룹 (Goodman Group)	263억 3757만 달러	38.91%	물류센터, 오피스 등 산업용 부동산
센터 그룹 (Scentre Group)	214억 8067만 달러	4.0%	리테일
덱서스 (Dexus)	141억 4946만 달러	25.50%	오피스, 리테일, 헬스케어, 물류센터 등
머백 그룹 (Mirvac Group)	125억 4928만 달러	36.99%	물류센터, 오피스 등 산업용 부동산
스톡랜드 (Stockland)	107억 7727만 달러	17.32%	오피스, 주거, 물류센터, 헬스케어 등
차터홀 그룹 (Charter Hall Group)	58억 9208만 달러	84.41%	오피스, 리테일, 주거, 인프라스트럭처 등

(출처: 호주증권거래소)

퇴직연금 시장과 호주의 부동산 산업에 함께 투자한다고 할 수 있다. 앞서 말했듯 호주 상장리츠 시장에서는 스테이플드 리츠 비중이 높고 규모도 크기 때문에, 호주 리츠 시장에 투자할 때는 이 같은 스테이플드 리츠의 특징을 숙지하고 접근하는 것이 좋다.

사회 인프라 시설에 투자하는 '아레나 리츠'

호주는 맥쿼리인프라 등 유수의 글로벌 인프라 펀드가 발달한 나라로, 리츠 시장에도 이 같은 특징이 잘 나타나 있다. 특히 아직 한국에서는 보기 드문, 사회 인프라 시설에 투자하는 리츠가 상장되어 있다는 점이 그렇다. 그중에서도 '아레나 리츠(Arena REIT)'는 보육시설이나 헬스케어 등 사회 인프라스트럭처에 투자하는 리츠다.

한국도 그렇지만, 대부분의 나라에서 보육시설과 헬스케어 시설은 늘 부족하다. 맞벌이 부부의 증가, 고령화 등으로 관련 시설에 대한 수요는 빠르게 증가하고 있지만 시설 확충은 변화 속도를 따라가지 못하고 있는 것이 현실이다.

아레나 리츠는 이 문제를 해결하는 데 일조하며, 특히 인구 및 경제변화에 따라 성장 가능성이 높은 사회 인프라에 투자한다.

현재는 보육시설이나 헬스케어 등 200여 개의 사회 인프라를 확보하고 있는데, 전체 자산의 88%는 보육시설이고 12%가 헬스케어다.

사회 인프라 시설에 투자하는 리츠다 보니 단기수익보다는 장기적인 성과가 월등한 것이 특징이다. 상장 후 5년이 지난 2018년 6월 말에는 5년간의 배당수익과 자본차익을 더한 토털 리턴이 23.6%를 기록하며 ASX300 A-REIT 지수 누적수익률 12.2%를 크게 앞질렀다. 반면 2018년 6월 말부터 1년간의 토털 리턴은 1.2%에 그쳐 ASX300 A-REIT 지수 누적수익률 13.2%에 한참 못 미쳤다. 즉 단기투자보다는 장기투자를 원하는 투자자에게 매력적인 투자처다.

교육시설에 투자하는 리츠도 존재한다. '차터홀 에듀케이션 트러스트(Charter Hall Education Trust)'는 아이들의 교육시설에 투자하는데, 호주 전역(339개)과 뉴질랜드(48개)에 총 387개의 교육시설을 운영하고 있다. 특히 다양한 성격의 교육기관이 임차하는 자산에 투자한다는 점이 돋보인다. 전체 자산의 약 절반인 45.2%를 임차하고 있는 '굿스타트(Goodstart)'는 4개의 호주 자선단체로 구성된 비영리 조직이며, 프리미엄 사교육을 표방하는 '온리 어바웃 칠드런(Only about Children)'이 10.4%, 호주 최대의 상장 보육원인 'G8 에듀케이션'이 7.2%, 뉴질랜드 최대의 보육 서비스 제공업체 '베스트 스타트 에듀케어(Best Start Educare)'가 7.1%를 임차하고 있다.

친숙한 리테일 시설에 투자하는 '센터 그룹'

호주 리츠 시장의 또 다른 특징 중 하나는 리테일 비중이 높다는 점이다. 전체 상장리츠 중 약 30%가 리테일에 투자한다. '센터 그룹(Scentre Group)'은 그중 대표격으로, 가장 잘 알려진 보유자산은 웨스트필드 시드니 쇼핑센터다. 도시를 상징하는 건물 중 하나여서 시드니 도심을 찾은 사람이라면 누구나 한 번쯤 만나게 되는 곳이다. 랜드마크인 시드니 타워 바로 밑에 있어 어디에서나 눈에 띈다.

도심에서 가장 크고 유명한 쇼핑센터인 웨스트필드 시드니는 평일 주말 할 것 없이 항상 사람들로 붐비는 명소다. 이처럼 친숙한 건물이기 때문에 투자자들에게도 진입장벽이 낮다. 출장 당시 만난 호주증권거래소 관계자도 리테일처럼 친숙한 자산이 리츠에 많이 담겨 있어 리츠 투자 저변 확대에 도움이 된다고 강조하기도 했다.

센터 그룹은 지난 2014년 6월 웨스트필드 시드니를 운용하던

'웨스트필드 리테일 리츠(Trust)'와 호주·뉴질랜드의 웨스트필드 비즈니스를 총괄하는 회사가 합병해 탄생했다. 호주에 36개, 뉴질랜드에 5개 등 총 41개의 쇼핑센터를 소유하고 있는데, 호주에서 가장 큰 25개 쇼핑센터 중 16개가 이들 소유이며 뉴질랜드 5위권 쇼핑센터 중에서는 4개가 포함되어 있을 정도로 규모가 크다. 자산 입지도 좋아서, 시드니에 15개, 멜버른에 7개, 브리즈번에 6개, 퍼스에 3개, 애들레이드에 3개, 캔버라에 2개 등 주요 대도시에 위치하고 있다.

총 자산규모는 2018년 말 기준 542억 호주달러이며 임대율은 99.3%다. 2018년 순자산이익은 18억 3300만 호주달러로 전년(17억 9480만 호주달러) 대비 2.1% 증가했으며, 총 배당금은 11억 7540만 호주달러로 전년보다 1.8% 증가해 견조한 성장세를 보이고 있다.

펍과 농장에도 투자하는 호주 리츠 시장의 매력

호주 리츠의 역사는 미국 다음으로 길다. 그런 만큼 다양한 자산에 투자하는 리츠가 미국만큼이나 잘 발달되어 있다. 우선 농업에 투자하는 리츠인 '루랄 펀드 그룹(Rural Funds Group)'을 보

<루랄 펀드 그룹 투자자산 현황>

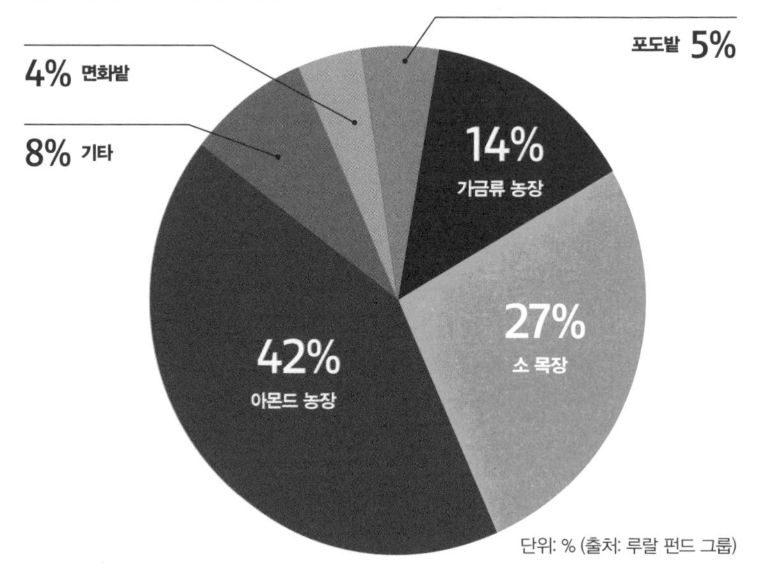

자. 루랄 펀드 그룹은 지난 2014년 2월 농업에 투자하는 리츠로는 처음으로 호주증권거래소에 상장됐다. 6개 분야에 50개의 자산을 보유하고 있으며, 총 자산규모는 9억 4590만 호주달러다. 유형별로는 아몬드 농장이 42%, 소를 기르는 목장이 27%, 가금류 농장(14%), 포도밭(5%), 면화밭(4%) 등이다. 임대계약 만기까지는 2019년 6월 말 기준 평균 11.3년이 남아 있다.

조지 소로스, 워런 버핏과 함께 세계 3대 투자자로 불리는 짐 로저스 로저스홀딩스 회장은 최근 한 국내 언론과의 인터뷰에서 유망한 산업으로 농업을 꼽았다. 그는 "농업은 절대 사라지지 않을 산업이지만, 대다수 국가에서 농업 종사자는 나이가 많은데 젊은 세대 중에서는 농업에 뛰어들기 원하는 사람이 드물다"며 "이로 인해 농산물 수요가 꾸준히 느는 데 반해 공급량 증가율은 낮아져 호황이 찾아올 것"이라고 강조했다. 로저스 회장의 말대로, 농업은 인류가 생존하는 한 없어지지 않을 산업이다. 가속화되는 4차 산업혁명 속에서도 농업의 가치가 날로 부각된다는 점 또한 분명하다. 루랄 펀드 그룹을 주목해야 하는 이유다.

펍(pub)에 투자하는 리츠도 있다. '에일 프로퍼티 그룹(ALE Property Group)'이 그 주인공이다. 2003년 11월에 설립된 에일 프로퍼티 그룹은 호주 5개 주에 약 86개 펍을 소유하고 있으며, 총 자산가치는 11억 6320만 달러다. 모든 펍은 합작회사 ALH(Australian Leisure and Hospitality Group)가 임차하고 있는데, 이곳은 호주 최대 유통 체인인 울워스와 호텔 체인 BMG가 각각 75%와 25%의 비율로 지분을 투자해 만든 회사다.

주유소와 편의점에도 투자한다. '비바 에너지 리츠(Viva Energy REIT)'는 호주 전역에 총 454개의 자산을 보유하고 있으며, 총 자산가치는 24억 9500만 달러다. 최근에는 포트폴리오 다변화에 주력한다는 점이 눈에 띈다. 2016년 기업공개 당시에는 에너지 기업 비바 에너지 오스트레일리아가 전체 자산을 100% 임차하고 있었지만, 2019년 임차인은 비바 에너지 오스트레일리아(94%)뿐 아니라 리버티 오일, 칼텍스, 세븐일레븐 등으로 늘어났다.

라이프스타일 변화에 투자하는 '내셔널 스토리지 리츠'

최근 홈플러스가 대형마트 안에 계절가전이나 이불 등 개인물품을 보관할 수 있는 셀프 스토리지(self storage) 서비스를 선보여 눈길을 끌었다. 현대오일뱅크 역시 집 근처 주유소를 창고처럼 사용할 수 있는 셀프 스토리지 1호점을 사당 셀프주유소에 열었다.

홈플러스와 현대오일뱅크가 셀프 스토리지 서비스를 도입하는 것은 유휴 공간을 적극 활용하기 위해서다. 최근 이커머스의 성장으로 실적이 둔화된 대형마트들은 매장 공간을 다른 용도로 활용하는 방안을 모색하고 있고, 현대오일뱅크 같은 정유사들도 주유소의 남는 공간에서 이익을 낼 방안을 고민 중이다.

이 과정에서 주목받은 것이 바로 셀프 스토리지다. 1인가구가 증가하고 라이프스타일이 변하면서 향후 셀프 스토리지 수요가 증가한다는 예상에 힘이 실리고 있다. 실제로 해외에서는 이미 이러한 서비스가 보편화되어 있다. KB금융지주 경영연구소에서 발간한 보고서에 따르면 2018년 미국 내 셀프 스토리지는 약 4만 5000개에서 5만 2000개에 이른다. 미국 총 가구의 약 9.4%가 셀프 스토리지를 이용하고 있으며, 지난 2011년 이후 연평균 증가율도 55.1%를 기록하며 성장세가 확대되고 있다. 미국뿐 아니라 영국, 프랑스, 네덜란드, 일본 등 많은 나라에서도 셀프 스토리지 서비스가 확대되는 추세다.

이 같은 산업의 변화는 부동산 투자시장에도 큰 영향을 미치고 있다. 실제로 미국에서 셀프 스토리지를 운영하고 있는 상장기업 6개 중 5개가 리츠이며, 호주증권거래소에도 셀프 스토리지 투자 리츠가 상장되어 있다. 바로 '내셔널 스토리지 리츠(National Storage REIT)'다.

내셔널 스토리지 리츠는 호주에서 가장 큰 셀프 스토리지 사업자로, 지난 2013년 12월 셀프 스토리지 회사 중 처음으로 ASX에 상장됐다. 기록물 보관, 와인 창고, 이동수단 보관, 귀중품 보관까지 다양한 서비스를 제공한다. 호주 전역과 뉴질랜드까지 총 152개의 셀프 스토리지 센터를 보유하고 있으며, 2019 회계연도에만 35개의 센터를 편입하고 4개의 신규 개발 프로젝트를 진행하는 등 빠르게 확장하고 있다. 2019 회계연도 기준 총 운용자산은 19억 5000만 호주달러이며, 임대율은 81.4%(호주 기준)로 전년대비 1.1%p 상승했다. 배당수익과 자본차익을 모두 합한 토털 리턴은 15.0%였다.

황금기를 맞은 한국 리츠 시장에 던지는 질문 13가지

[PART 5]

지난 5년간 국내 간접투자상품 운용자산의 연평균 성장률은 무려 24%로, 투자 수요가 충분하다는 사실을 입증했다. 리츠의 기초자산이 될 수 있는 부동산 파이프라인 또한 약 900조 원 규모이며, 시중 유동성도 풍부하다.

기업과 정부도 적극적이다. 2019년 상장된 리츠들 외에도 많은 기업들이 리츠 설립을 검토 중이며, 금융기업도 리츠 공급을 서두르고 있다. 더불어 정부에서는 비개발 위탁관리 리츠의 상장예비심사 폐지 등 상장리츠 활성화 정책을 펼치고 있어 기대가 커지는 상황이다. 다만 국내 리츠는 금융 인프라가 아직 제한적이기에 더 많은 정보수집과 분석이 선행되어야 한다.

Q1. 최근 국내 리츠 시장도 큰 변화가 일어나고 있다. 어떤 변화이며, 변화의 배경은 무엇인가?

A. 부동자금 600조 원 시대다. 시중 유동성은 풍부한 반면 마땅히 투자할 곳은 없어 배당수익률 5%대 상품이 엄청난 속도로 완판되는 사례가 속출하고 있다. 때마침 국내에도 리츠가 상장되기 시작하면서 투자자의 관심이 그 어느 때보다 뜨거운 상황이다.

2018년 6월 상장한 이리츠코크렙, 8월에 상장한 신한알파리츠도 큰 역할을 했다. 이들 리츠는 상장 초기에는 큰 변화가 없었지만 2018년 말부터 주가가 상승하기 시작해 2019년 4월 정기예금 금리 2%를 깨며 상승세가 본격화됐다. 2019년 초부터 6월까지 상반기 동안 이들의 주가 상승폭은 각각 33%, 28%에 달하는데, 코스피 대비 무려 29%p, 24%p 상회하는 수치다.

2019년 3월 상장 예정이었던 홈플러스리츠가 흥행이 부진해 상장을 철회하면서 리츠 시장에 찬물을 끼얹을 것이라는 우려가 있었으나, 이리츠코크렙과 신한알파리츠는 변함없이 무서운 속도로 주가가 올랐다. 두 리츠의 놀라운 주가 상승은 투자자들과 약속한 배당금을 충실히 지급해 주주들의 신뢰를 얻었기 때문이다. 특히 이리츠코크렙은 앵커인 이랜드리테일의 손익이 발표된 4월부터 본격적으로 상승폭이 커졌는데, 이는 리츠 투자에서 '배당 지급 신뢰도'가 가장 중요하다는 사실을 방증한다.

Q2. 그간 한국 리츠가 성장하지 못했던 이유는 무엇인가? 최근 상장한 리츠들은 과거 상장리츠들과 무엇이 다른가?

A. 안타까운 이야기지만, 그간 한국 리츠는 대체로 주주와의 약속을 지키지 못했다. 일례로 모두투어리츠는 2015년 상장 당시 공모자금을 호텔의 추가 매입에 사용하겠다 밝혔지만 사드 사태가 터지면서 인바운드 관광객 감소를 우려해 호텔 매입을 미뤘다. 이는 결국 주주에게 배당을 지급하지 못하는 결과를 가져왔다.

리츠 규모도 작았다. 2018년 이전에 한국 증시에 상장된 리츠는 2001년 설립된 에이리츠를 비롯해 케이탑리츠, 모두투어리츠 등 3개에 불과했고 시가총액도 1000억 원 미만으로 매우 영세했다. 국민들도 관심이 거의 없을 수밖에 없었다. 그러다 2018년 6월 이리츠코크렙, 같은 해 8월 신한알파리츠가 연이어 상장했는데, 이를 기점으로 한국 상장리츠 시대가 열렸다는 평가가 지배적이다.

글로벌 주요국에서의 상장리츠는 각국 주식시장 시가총액의 2~15%를 차지한다. 한국은 아직 한참 못 미치는 규모지만, 이제 시작 단계인 만큼 한국 상장리츠의 성장 잠재력은 그 어느 국가보다 풍부하다.

Q3. 그러나 언급한 것처럼 홈플러스리츠는 2019년 3월 상장이 철회됐다. 아직 K-REIT의 본격적인 태동기라고 보기에는 어렵지 않나?

A. 홈플러스리츠 사례로 다시 한국 리츠는 한계가 있는 것이 아니냐는 우려가 제기된 것은 사실이다. 그러나 상장리츠 시대 초창기 어디서나 일어날 수 있는 시행착오 중 하나일 뿐이라고 생각된다. 홈플러스리츠의 흥행이 저조했던 건 상품구조 매력이 덜한 탓도 있겠지만, 아직 투자자 저변이 충분히 넓지 않은 한국 시장에서 1조 7000억 원의 공모자금을 모집하기는 다소 버거웠다는 것이 중론이다. 홈플러스리츠와 무관하게 좋은 주가 흐름을 보여준 신한알파리츠와 이리츠코크렙 사례가 이를 방증한다. 초창기 리츠가 상장에 실패하거나 주가가 저조한 사례는 리츠 선진국인 일본과 싱가포르에서도 있었던 일이다.

Q4. 리츠는 국민적 금융상품 역할을 할 수 있을까? 수익률 측면에서는 그래도 서울 아파트를 사는 편이 가장 낫다는 인식이 강한 것 같다.

A. 정부가 상장리츠나 공모펀드 육성에 나선 이유는 넘치는 시중 유동성 때문이라 본다. 이 풍부한 유동성은 장기화될 가능성이 높은 데다, 주택 등의 부동산에 차입을 사용해 과도하게 직접투자를 하면 가계부채의 원인이 될 수도 있다. 이를 완화하기 위해서는 적절한 금융상품이 제공돼야 하는데, 상장리츠는 일반인들이 쉽게 접근 가능한 금융상품으로 부상할 잠재력이 충분하다. 아파트를 사기 위해 빚을 낼 수는 있어도, 리츠나 부동산 간접투자상품을 사기 위해 빚을 내는 경우는 없을 것이기 때문이다.

최근 5년간 각 자산별 수익률을 비교해보자. 시중은행 금리는 2% 남짓이었고 3년물 AA-급 회사채는 3%였으며 서울 주택가격 상승률은 연평균 4%였다. 반면 국내 리츠(대부분 사모리츠지만)의 배당수익률은 6% 이상이며, 매각 수익까지 합산하면 연평균 수익률은 두 자릿수다. 게다가 주택가격 상승률은 온전한 수익으로 보기 어렵다. 구매하기 위한 이자비용까지 감안해야 하기 때문이다. 물론 서울 주택의 시가총액은 약 1500조 원인 반면 사모리츠의 운용자산은 40조 원에 불과하고, 이마저도 개인들이 접근하기 어려웠다는 점에서 아직 리츠가 투자 대안으로 자리잡기에는 한계가 명확하다. 하지만 상장리츠가 원활히 공급된다면 일반인들도 리츠를 훌륭한 투자 대안으로 인식할 것이다.

지난 5년간 국내 간접투자상품 운용자산의 연평균 성장률은 무려 24%로, 이미 부동산 간접상품의 투자 수요가 충분하다는 사실을 입증했다. 그렇다면 시중 유동성이 얼마나 리츠로 유입될 수 있을까? 우선 가장 흔한 부동산 투자방식인 아파트 분양권 전매액, 그리고 다주택자가 주택에 투자한 자금을 고려해보았다.

① 2015~2016년 연간 분양권 전매건수는 40만 건이었지만, 규제 여파로 2018년에는 12만 8000건으로 줄어 앞으로도 이 수준을 유지할 것으로 보인다. 전국 아파트 평균 분양가는 80㎡ 기준 약 3억 원인데, 분양권 계약금이 분양가의 10%임을 감안하면 분양권 전매에 투자되는 자금은 연간 약 4조 원으로 추정된다.

② 2017년 기준 5채 이상 주택을 보유한 대량 소유자는 11만 5000명이다. '5채 이상 보유'에는 수백 채도 포함되지만, 4채씩만 투자했다고 일률 가정하고 분양가는 1채당 3억 원, LTV를 50%로 가정하면 약 69조 원의 자금이 주택투자자금으로 유입되었다고 추정할 수 있다. 결국 최소 73조 원의 자금은 리츠 같은 부동산 간접투자상품으로 유입될 잠재력이 있다고 판단된다. 이는 현재 국내 부동산 간접투자상품 운용자산의 67%에 이르는 규모다. 양질의 리츠 공급이 늘어난다면 이러한 주택 직접투자수요를 어느 정도 대체할 수 있을 것으로 본다.

Q5. 시장만 잘 조성된다면 한국에서도 상장리츠 투자 붐이 일 것 같다. 그런데 투자 대상이 충분히 있는가? 아직 한국의 상장리츠 비중은 주식시장 시가총액 대비 0.04%에 불과하다.

A. 최근 국내 리츠 시장의 가장 큰 변화는 기업들이 리츠 설립에 적극적으로 나서기 시작했다는 점이다. 2019년에 나온 상장리츠들 외에도 다수의 기업이 리츠 설립을 검토한다고 알려졌다. 그렇다면 한국 리츠의 기초자산이 될 수 있는 부동산 파이프라인은 어느 정도 규모일까?

2018년 한국은행의 조사에 따르면 국내 부동산 규모는 1경 2000조 원이다. 한국의 코스피 시가총액 규모가 1300조 원이니, 부동산 시장은 주식시장의 약 10배인 셈이다. 이 중 금융법인을 제외한 일반 기업이 보유한 부동산은 2800조 원이고, 또 그중에서도 인프라와 주택을 제외한 순수 상업용 부동산, 즉 오피스나 매장 등 리츠에 우선적으로 담길 수 있는 자산은 894조 원 규모다. 말하자면 약 900조 원의 부동산이 향후 한국 리츠의 기초자산이 될 수 있는 거대한 파이프라인이다.

한국의 리츠는 CR(기업구조조정)리츠로 시작됐다. 최근 집중적으로 설립되거나 설립을 준비하고 있는 리츠 유형은 일본식 '위탁관리 리츠'다. 일본의 J-REIT는 자산관리회사가 리츠를 위탁 관리

·운용하도록 법으로 규정하고 있는데, 앵커라 불리는 리츠의 대주주가 계열 자산관리회사에게 리츠의 설립과 운용을 위탁하는 구조다. 앵커는 리츠에 자산을 현물출자하거나 직접 자본을 출자함으로써 리츠를 종속 계열사로 편입하게 된다.

시가 6000억 원의 부동산을 리츠로 유동화한다고 가정해보자. 이해를 위해, 숫자는 다르지만 2019년 10월에 상장한 롯데리츠의 사례를 가정해 대입해보았다. 앵커인 롯데쇼핑이 6000억 원의 백화점 점포를 롯데리츠에 양도한다고 해보자. 부채와 자본 비율을 1:2로 설계할 경우, 롯데리츠는 백화점을 사기 위해 2000억 원은 대출로, 2800억 원은 자본시장에서 공모로, 앵커인 롯데쇼핑은 부동산을 현물출자함으로써 리츠 자본의 30%(1200억 원)을 보유하게 된다. 롯데쇼핑은 6000억 원의 백화점을 양도했지만 4800억 원의 현금을 한 번에 회수할 수 있고, 더불어 롯데리츠의 지분율 30%를 가져감으로써 경영권을 소유, 부동산의 지배력을 유지하게 된다.

이는 기존 기업들이 부동산 유동화 방법으로 사용했던 사모펀드와의 가장 큰 차이이자 강점이다. 사모펀드로 유동화할 경우, 부동산 운용사가 펀드의 운용주체가 되므로 자산을 양도한 롯데쇼핑은 어떤 경영권도 행사할 수 없다. 반면 회사형인 리츠는 경영권이 주주에게 있으므로 롯데쇼핑은 리츠에 자산을 넘기고도 해당 점포에 대한 경영전략을 접목하고 지배력을 유지할 수 있다.

최근 유통업체들이 부동산 유동화의 방식으로 리츠를 활용하는 데에는 이 이유가 크다. 특히 국내 유통업체들은 온라인 비즈니스의 위협이 가시화되면서 신사업 투자가 절실해, 향후 리츠 설립을 주도할 것으로 예상된다.

금융기업 또한 떠오르고 있는 리츠 공급자다. 이들이 리츠를 설립하는 가장 큰 이유는 개인고객들에게 좋은 금융상품을 제공하기 위해서다. 게다가 전통적인 국내 은행이나 증권사들은 활용도가 떨어지는 점포들도 많이 보유하고 있어 리츠에 편입할 자산도 풍부하다.

초창기 국내 상장리츠 시장에 신한알파리츠가 크게 기여했다는 것은 부인할 수 없는 사실이다. 신한금융지주는 2017년 '신한리츠운용'이라는 리츠 자산관리회사를 설립했고, 이 신한리츠운용이 2018년 신한알파리츠를 설립, 상장했다. 상장 당시 청약 대상을 100% 개인으로 설정하고 신한금융투자증권으로 청약 창구를 단일화했음에도 청약률은 4:1로 높았다. 당시 신한금융투자증권의 신규고객 상당수는 신한알파리츠 청약을 목적으로 한 개인들이었다.

신한리츠운용은 개인고객에게 제공할 수 있는 좋은 상품을 계속 발굴하고 있다. 2019년 5월 특금리츠인 '신한알파강남리츠'에 편입된 선릉역 위워크타워도 그중 하나다. 이 상품은 신한은행의 주요 고객에게 제한적으로 판매됐는데, 배당수익률 5.2%로 단 5

분 만에 300억 원이 완판되며 화제를 모았다.

이처럼 한국 상장리츠는 구조적 변화에 직면한 유통기업, 그리고 개인고객을 위한 상품 발굴에 집중하는 금융기업이 한동안 상품 공급의 주역을 차지할 것으로 보인다.

Q6. 국내에 부동산 사모펀드는 많다. 이를 상장리츠로 유도할 수는 없을까?

A. 그간 한국의 부동산 간접투자상품(사모펀드, 사모리츠)은 고성장을 지속해 왔다. 하지만 진정한 의미의 리츠인 상장리츠는 이제 도입 초기에 불과하다. 상장리츠는 영속형·다물리츠의 속성을 지녔고 개인의 투자가 용이하다는 특징이 있는데, 이 상장리츠가 늘어나면 기관 혹은 고액 자산가의 전유물이었던 부동산 간접투자상품의 진입장벽은 허물어질 것이다.

관건은 사모펀드나 사모리츠가 아니라 상장리츠로 전환되어야 한다는 점, 그에 따라 개인이 투자할 수 있는 투자대상의 폭이 넓어져야 한다는 점이다. 단·중기적으로 국내 부동산 간접투자시장에 가장 큰 변화를 유발할 정책은 2019년 4월 입법 예고된 사모리츠·펀드에 대한 재산세·분리과세 혜택 축소라고 본다. 사모펀드나 리츠가 보유한 토지에 적용되던 분리과세 혜택을 없애기로 한 것이다.

이번 개정안에 해당되는 재산세·분리과세 제외 대상은 사모리츠·펀드가 소유한 토지, 농협 하나로마트 등 일부 대형지점 부지, 인천공항공사가 소유해 국제업무지구·공항신도시 등으로 고시된 토지 등이다. 이들 토지는 그간 정책 지원과 보호가 필요한 분리과세 대상으로 분류돼, 재산세를 납부할 때 종합·별도합산 과세

대상 토지보다 낮은 세율을 일률 적용받아 왔다. 그러나 법이 개정되면 합산과세 대상으로 환원돼, 공시지가의 0.2% 수준이던 재산세율이 과세표준 구간에 따라 최고 0.4%까지 높아진다. 예전에는 면제받았던 종합부동산세도 부과된다.

반면 상장리츠 같은 공모형 상품에는 여전히 분리과세가 적용되기 때문에 사모펀드·리츠 대비 경쟁력이 높아진다. 따라서 분리과세 혜택 축소를 앞두고 부동산 펀드업계의 고민이 깊어질 수밖에 없다. 신규 펀드는 당연히 공모펀드나 상장리츠로 시작하는 것이 유리하니, 기존의 부동산 사모펀드·리츠도 상장리츠로 전환해야 하는지 진지하게 고민해야 할 시기다.

일본의 경우 자국 부동산에 투자하는 J-REIT와 사모펀드의 비중이 비슷한데, 이는 리츠를 국민들의 투자수단으로 정착시키기 위한 일본 정부의 오랜 노력이 반영된 결과다.

2018년 말 기준 국내 자산을 담은 부동산 사모펀드·리츠의 운용자산은 약 78조 원이다. 만약 이들이 모두 상장리츠로 전환된다면 어떻게 될까? LTV를 50%로 가정하고 P/NAV가 1배로 상장된다고 가정하면 기대할 수 있는 상장리츠 시가총액은 39조 원, 즉 2019년 9월 30일 기준 코스피 시가총액의 2.6%다. 미국과 일본의 상장리츠가 주식시장에서 차지하는 비중과 비슷해진다.

Q7. 정부의 규제완화는 어떤 것이 있었나? 추가로 필요한 규제완화가 있을까?

A. 정부도 리츠 활성화를 위해 고민을 많이 하는 것으로 보인다. 정부의 정책적 지원은 2018년부터 본격화됐는데, 2018년 12월 발표한 상장리츠 활성화 정책은 다음 3가지였다.

첫째, 비개발 위탁관리 리츠의 상장예비심사 폐지다. 원활한 상장리츠를 공급하기 위해 예비심사를 폐지해 리츠 상장기간이 1~2개월 단축됐다. 신한알파리츠가 이 혜택을 봤다.

둘째, 주택도시기금의 여유자금을 상장리츠에 투자하도록 한 것이다. 정부기관인 주택도시기금이 일종의 앵커로 상장리츠에 참여해 개인의 리츠 투자 의욕을 고취시키고자 했다. 비슷한 해외 사례로 홍콩의 링크 리츠(Link REIT)를 들 수 있는데, 정부기관이 앵커 투자자로 참여하면서 개인들의 높은 청약률을 이끌어냈다.

셋째, 확정급여(DB)형 퇴직연금에 리츠 투자를 허용했다. 퇴직연금 같은 초장기자금과 배당형 상품인 리츠는 서로 니즈가 부합한다. 그러나 DB형 상품은 만기가 정해져 있어, 만기 후에는 보유자산을 모두 매각해야 한다. 현재 국내 상장리츠는 거래량이 적어 DB형 상품에 편입된 상장리츠는 매각이 어려울 수 있다. 따라서 이 규제에서 자유로운 DC형과 IRP형에도 리츠 투자를 허용해야 한다고 본다.

마침 2019년 9월 11일 발표된 '공모리츠·펀드 활성화 방안'에서 정부는 공모리츠나 펀드에 투자하는 투자자에게 5000만 원 한도에서 배당소득 분리과세를 허용했으며, 세율도 14%에서 9%로 저율과세를 적용하기로 했다. 정책이 시행되면 종합과세가 적용되는 사모펀드 대비 연 2%p의 수익률 격차가 날 수 있다. 시장에서는 파격적이라는 반응이다. 5000만 원 한도가 작다 할 수도 있지만, 부자감세 논란을 피하면서도 진정한 개인투자자의 보편적 리츠 투자를 유도하는 방안이라 판단된다.

물론 추가로 완화시켜야 할 규제는 있다. 공급자 측면에서는 현재 리츠 자산을 매각할 때 매각이익 90% 이상을 배당해야 법인세가 과세되지 않는다는 문제가 있다. 반면 일본은 자산 매각이익의 내부 유보를 허용함으로써 리츠의 성장을 돕고 있다. 더 성장하기 위해서는 의무배당 정책이 좀더 유연해질 필요가 있다.

현재 리츠 선진국으로 발돋움한 국가들도 리츠 관련 규제와 투자 제약을 오랫동안 개선해왔기 때문에 금융시장과 부동산 시장을 동반 성장시킬 수 있었다. 미국의 대표적 연기금인 캘퍼스의 2018년 연차보고서(annual report)를 보면, 포트폴리오에서 리츠 비중이 8~12%에 달한다. '퇴직연금의 천국'이라 불리는 호주 또한 퇴직연금 운용자산에서 리츠·부동산·인프라 비중이 15%다. 호주는 국내에도 잘 알려진 맥쿼리인프라 펀드를 만든 맥쿼리 그룹의 본고장이기도 하다.

이렇듯 리츠 산업이 활성화되면 경기부양도 가능해지고 부동산 및 자본시장이 투명하게 동반 성장하기 때문에 각국 정부는 계속해서 리츠를 부양하고 있다.

Q8. 개인투자자가 국내 상장리츠에 투자할 수 있는 방식은 무엇인가?

A. 우선 일반 주식처럼 개별 상장리츠를 매입하는 방법이 가장 쉽다. 2019년 11월 기준 상장리츠가 7개밖에 되지 않아 선택의 폭이 좁다는 단점은 있다. 하지만 2019년 4분기부터 '롯데리츠'와 'NH프라임리츠' 등 대기업이 앵커로 참여하는 리츠들이 다수 상장되면서 투자자의 선택폭이 확대되었다.

다른 방법은 리츠 ETF를 사는 것이다. 일례로 2019년 7월 19일 상장된 '타이거(Tiger) 부동산인프라고배당' ETF가 있다. 이 상품은 국내 상장리츠와 상장인프라펀드 맥쿼리인프라를 자산의 약 60%로 채우고, 나머지는 효성 등 고배당주를 편입했다. 아직 상장리츠가 많지 않아 고배당주를 섞는 방식을 사용한 것으로 보인다. ETF로 리츠를 매수할 경우, 상장리츠의 단점인 유동성 부족을 해결하면서 매수가 가능하다는 것이 장점이다. 위험 분산 효과도 기대할 수 있다.

2019년부터 신한알파리츠와 이리츠코크렙의 외국인 지분율과 거래량이 점차 늘어나면서 투자상품으로도 역할이 확대되고 있다. 2019년 3월 말에는 '뱅가드(Vanguard) 글로벌 리츠 펀드(VGXRX)'에 신한알파리츠가 편입되기도 했다. 글로벌 리츠 ETF를 사는 것도 유용한 리츠 투자 방식 중 하나라고 접근하면 좋다.

Q9. 리츠에는 다양한 종류(서브 섹터: sub-sector)가 있다. 개인투자자가 선호할 만한 리츠 종류는 무엇인가?

A. 미국리츠협회는 오피스, 산업용, 리테일뿐 아니라 팀버(timber), 데이터센터까지 14개 섹터로 리츠를 구분하고 있다. 한국은 아직 6개에 불과하지만 리츠의 역사를 쌓아갈수록 섹터도 다변화될 것이다.

섹터별 배당수익률도 상이하다. J-REIT의 경우 2019년 예상 기준 오피스 리츠가 3.9%로 가장 낮고 호텔과 헬스케어는 상대적으로 높은 5%대 수익률을 보인다. 2018년에는 오피스 리츠가 가장 높은 주가 상승률을 기록했는데, 핵심 요지에 위치한 오피스 리츠는 일반적으로 배당수익보다 자산가치 상승에 대한 기대감이 더 크기 때문이다. 반면 10년 이상 마스터리스 방식으로 임대차계약을 맺는 리테일 리츠의 경우 장기 배당수익에 관심이 높지만 상대적으로 자산가치 상승에 대한 기대는 낮다.

쇼핑의 메카라 불리는 미국에서도 최근 이커머스의 위협이 가시화되면서 리테일 리츠의 미래에 대해 막연히 두려워하는 사람도 많다. 하지만 일본의 리테일 리츠는 견조한 모습을 보이며 2018년에도 우상향을 기록했다.

이렇게 국가별로 업태 현황이 다른 이유는, 일본의 경우 고령화로 인해 인구 대부분이 도심으로 회귀하는 현상이 뚜렷하기 때문이다. 또한 인바운드 관광객이 늘어나면서 도심몰의 매출이 구조적으로 성장하고 있다는 점도 한몫했다.

국내에 상장되는 리테일 리츠 자산 대부분도 '슬리퍼 상권'이라 불리는 곳에 위치한다. 거주지에서 걸어서 접근 가능한 지역, 혹은 유동인구가 많은 지역이다. 수익성보다 안정성이 더 중요한 개인투자자에게는 10여 년의 임대차계약으로 안정적 배당을 보장하는 리테일 리츠가 최적의 상품일 수 있다.

Q10. 리츠는 자산 편입을 어떻게 하는가? 주로 유상증자를 채택하는데, 주식시장에서는 유상증자를 좋지 않게 받아들인다. 리츠는 다른가?

A. 리츠는 기존 자산 외에 추가 자산을 편입할 때 성장한다. 보통 자산을 추가로 편입할 때는 차입과 자본을 이용해 리츠가 부동산을 매입하는데, 이때 자본 조달을 위해 유상증자를 하게 된다. 말하자면 리츠가 유상증자를 한다는 것은 강력한 성장 시그널이다.

글로벌 리츠들은 유상증자를 할 때 매입 예정 자산과 함께 향후 예상 배당금을 최대한 상세히 공시한다. 주주는 이 예상 배당금을 살펴보고 추가 자산이 향후 꾸준히 높은 배당수익을 안겨줄 수 있다고 판단할 경우 유상증자에 참여하며, 그렇지 않으면 불참한다. 이렇게 유상증자의 자금이 투명하게 실물자산에 투자되기 때문에, 주식에서의 유상증자와 달리 리츠의 유상증자는 좋은 의미로 받아들여진다.

2018년 기준 미국 리츠 129개는 총 467억 달러의 자금을 조달했는데, 이 중 기업공개(IPO)가 33억 달러, 유상증자가 180억 달러(우선주 포함), 차입이 252억 달러였다. 매년 미국 리츠 시가총액의 3%에 해당되는 물량이 유상증자 시장을 형성한다는 분석이다. 리츠의 특성상 추가 자산 편입이나 매각이 잦기 때문에 유상증자는 자주 발생할 수밖에 없고, 리츠 주가도 이때 변곡점을 만들기도 한다. 리츠 시장이 성장할수록 금융시장도 동반 성장하고 확대될 것이다.

Q11. 향후 많은 리츠가 상장될 텐데, 투자할 만한 리츠를 선정하려면 어떤 요인을 고려하면 좋은가? 상장이 철회된 홈플러스리츠 사례와 비교해서 설명한다면?

A. 첫째, 앵커의 신뢰도가 중요하다. 당시 홈플러스리츠는 대주주인 사모펀드 MBK가 인수 차입금을 갚기 위해 상장한다는 이미지가 강했다. 앵커와의 동반 성장을 원하는 투자자에게는 불확실성으로 비춰졌을 수 있다.

둘째, 상장리츠가 아직 초창기인 만큼 공모 규모가 적절해야 투자하기 용이하다. 2019년 3월 초 상장을 철회한 홈플러스리츠는 1조 7000억 원을 공모할 계획이었는데, 일부 기관투자자들의 상장리츠 투자에 제약이 있어 투자자 기반이 충분하지 않은 상태였다. 이렇듯 상장리츠 초기에는 공모 규모를 무리하게 키우기보다는 비교적 소화하기 좋은 규모로 공모한 후에 유상증자를 여러 차례 하면서 운용자산을 늘리는 것이 좀 더 효율적이라 본다. 투자자 입장에서도 이런 리츠에 투자하는 것이 성장 가능성 측면에서도 매력적일 것이다.

셋째, 임차인의 신뢰도다. 임차인의 신뢰도가 높을수록 리츠의 신뢰도도 동반 상승한다. 당시 홈플러스리츠의 기초자산은 51개가 모두 마트였는데, 마트는 현재 마켓컬리, 쿠팡 등 온라인 직배송 서비스의 영향으로 가장 큰 타격을 받는 유통 모델이다. 임차인 매출이 하락하면 임대료 지불 능력도 하락하는 건 당연지사다.

이렇듯 임차인의 신뢰도는 리츠의 신뢰도에 큰 영향을 미치기 때문에, 정부는 대형 리츠에 한해 신용등급 발급 의무화를 추진하고 있다. 신용등급을 받으면 회사채 발행이 가능하고, 이는 곧 이자비용 절감으로 이어진다. 일례로 리츠가 자산을 매입할 때, 우량 리츠의 경우 담보대출 금리보다 회사채 금리가 0.5%p 이상 하락하는 것이 일반적이다. 그만큼 이자비용이 절감되면 리츠의 배당가능이익이 늘어나고, 이는 그대로 주주의 배당으로 귀결된다. 최근 롯데리츠가 리츠업계 최초로 신용평가등급(AA-)를 취득하고 회사채(담보부사채) 발행에 성공했는데, 의미 있는 사례라고 본다.

Q12. 국내 상장된 주요 리츠들을 소개한다면? 글로벌 리츠와 비교했을 때 매력은 무엇인가?

A. 2019년 11월 기준 국내에 상장된 리츠는 총 7개다. 2018년 이전에 상장된 리츠들은 모두 시가총액 1000억 원 미만이라 관심이 낮았지만, 2018년 6월과 8월에 상장한 이리츠코크렙과 신한알파리츠는 모두 시가총액이 4000억 원 가까이 되어 투자하기에 어려움이 없다.

이리츠코크렙은 리츠로 설립돼, 코람코자산신탁이 리츠 자산관리회사로 외부 위탁운용을 맡고 있다. 사모리츠였으나 상장리츠로 전환한 케이스다. 5개 아웃렛을 담은 리테일 리츠로, 2018년 12월과 2019년 6월에 주당 175원씩 배당금을 지급했다.

신한알파리츠는 신한리츠운용이 위탁 운용을 맡은 위탁관리 리츠다. 기초자산은 판교 크래프톤타워와 용산 더프라임타워다. 상장 목적은 크래프톤타워 매입을 위한 대출금 상환이었는데, 2019년 1월에는 용산 더프라임타워를 매입하기 위해 490억 원의 주주배정 유상증자를 실시했고 103% 청약에 성공하며 업계 최대 규모 유상증자에 성공했다.

2019년 10월 30일에는 롯데쇼핑이 앵커로 자산을 공급하는 롯데리츠가 상장됐는데, 상장 첫날 공모가 대비 30% 급등하며 가격제한폭까지 상승하기도 했다. 그 외에 2019년 4·4분기에 4개의 오피스 수익증권을 담은 'NH프라임리츠', 제주조선호텔(구 켄싱턴호텔)과 태평로 오피스를 담은 '이지스밸류플러스리츠'가 상장된다. 대부분 신규 리츠의 공모가 기준으로 제시하는 배당수익률이 5~6% 정도일 것으로 추정된다. 현재 일본이나 미국 상장리츠의 배당수익률은 4%로, 글로벌 리츠와 비교했을 때 한국 리츠는 절대적인 배당수익률이 장점이라 할 수 있다. 더불어 상장 후에도 추가 자산 매입 가능성이 매우 높아 성장성도 우월하다.

Q13. 과연 리츠는 투자 만능상품일까? 투자할 때 유의해야 할 점이 있다면?

A. 2019년 국내 상장리츠들은 고배당과 주가수익률 측면에서 일반 국내주식 대비 높은 수치를 기록해 세간의 주목을 받고 있다. 또한 정부도 리츠 투자를 활성화하기 위해 정책 변화를 추진하고 있고, 언론에서도 여기저기 좋은 기사가 쏟아져나왔다. 그렇다면 개인투자자에게 상장리츠는 국내외를 막론하고 정말 안전한 자산일까? 결론부터 말하자면 "아니오"다.

금이나 채권은 소위 '안전자산'이라 불리지만, 리츠는 리스크와 기대수익률 측면에서 중위험 중수익을 추구하는 대체상품군으로 분류된다. 다만 상장리츠는 환매가 불가능한 부동산 펀드나 단일 부동산 하나에 투자하는 투자상품과 다르게 다양한 부동산 포트폴리오에 간접투자할 수 있고, 동시에 주식시장에 상장시켜 투자자로 하여금 자유로운 환매가 가능하도록 했다는 점이 차이점이다. 따라서 상장리츠는 매수-매도 거래에 따른 주식가격 변동성에 노출될 수밖에 없다. 다시 말하자면, 리츠는 언제든 원금 손실이 가능한 상품이지 결코 원금을 보장한 채 배당만 얹어주는 상품이 아니다.

그렇다면 리츠 투자자산이 위험한지 아닌지는 어떻게 확인할 수 있을까? 우리나라 상장리츠 시장은 역사와 규모 면에서 검증이 어렵기 때문에, 상대적으로 역사가 길고 제도나 투자 환경이 성숙한 선진 리츠 시장을 예로 들어 생각해보자.

금융시장에서 투자상품의 위험성을 측정하는 첫 번째 지표는 바로 변동성이다. 변동성 지표는 투자자산이 예상과 다른 수익률을 제공할 수도 있다는 통계적 근거이기 때문에, 많은 기관투자자들도 일차적으로 이 지표를 먼저 확인한다. 참고로 환(FX)과 원자재처럼 변동성이 큰 투자상품은 초고위험, 주식은 고위험자산군으로 분류된다. 아무리 배당수익률이 높다 하더라도 가격의 변동폭이 그보다 더 높다면 투자자는 원금손실위험에 놓이기 때문이다.

그렇다면 리츠의 변동성은 어떻게 될까? 최근 1년 동안 상대적으로 우량한 리츠들을 편입한 지역·국가별 인덱스를 기준으로 살펴보면 전 세계 리츠 인덱스의 변동성은 9.6%이며, 리츠 시장 역사가 가장 긴 미국은 14.9%, 아시아에서 제일 큰 일본 리츠는 9.5%다. 현재 글로벌 채권의 변동률이 3.5%, 주식의 변동성이 11.1% 수준이라는 점을 생각했을 때, 리츠는 채권보다는 위험하고 주식보다는 안전한 자산이라 할 수 있다.

두 번째 지표는 상장리츠의 유동성이다. 우리는 주식시장에 상장된 리츠를 사고파는 투자자이기에 당연히 내가 원하는 때에 팔고 나올 수 있는지, 즉 유동성 리스크는 없는지 꼭 확인해야 한다. 최근 불거진 모 운용사의 환매 중단 사태 또한 투자자에게 유동성의 중요성을 환기시키는 계기가 되었다. 필자가 상대했던 기관투자자 중에서도 거래대금을 고려하지 않은 채 높은 배당수익률 하나만 보고 투자한 사례가 있었다. 엎친 데 덮친 격으로, 투자 이후 시장 상황이 리츠에 좋지 않았고 당연히 수익률 또한 기대에 미치지 못했다. 이 기관투자자는 일정 수준 원금을 회복한 다음에 투자금을 회수하려고 했지만, 거래량 대비 투자금이 컸기에 회수에 어려움을 겪었고 결국 최종 회수까지 수개월이 걸렸다. 우리나라 시장이 아니라, 역사와 규모 면에서 성숙기를 이룬 싱가포르 리츠 시장에서 일어난 일이다. 선진 시장에서도 문제는 얼마든지 발생할 수 있다.

글로벌 리츠 시장의 3개월 평균 거래대금은 약 37조 원에 이른다. 여러 나라 리츠에 분산투자하는 경우 큰 문제가 되지 않을 수 있지만, 개별 국가로 접근한다면 이야기가 달라진다. 국가별 3개월 평균 거래대금을 살펴보면 미국, 일본, 호주, 싱가포르가 각각 약 28조원, 1조 8000억 원, 2조 2000억 원, 1조 원이다. 개인들이 걱정할 수준은 아니지만, 큰 금액을 집행하는 기관의 입장에서는 출구 전략을 고민해봐야 한다. 특히 국내 상장리츠 시장은 더욱 조심할 필요가 있다. 현재 거래대금 수준으로는 고액의 개인투자자들도 자금 회수에 어려움이 생길 수 있으므로, 국내 리츠 투자를 계획하고 있다면 유동성을 한 번 더 고민해보라고 조언하고 싶다.

마지막으로 리츠에 관한 정보의 부재다. 일반적으로 주식 등 금융상품을 투자할 때는 정보수집이 첫 단계다. 정보의 출처는 금융사의 리서치센터 같은 제3의 분석기관일 수도 있고, 언론기사 혹은 지인에게서 들은 소문일 수도 있다. 그중에서도 제도권 내 금융사는 선관주의 의무에 따라 금융상품을 분석해 정보를 제공하기 때문에 상대적으로 공신력이 높아, 투자자들은 증권사 리서치센터의 분석자료를 많이 참고하곤 한다.

하지만 국내에서는 아쉽게도 리츠를 분석할 수 있는 애널리스트가 극히 드물다. 또한 해외 애널리스트처럼 상업용 부동산 시장을 분석하고 전망하거나, 리츠가 보유한 전체 자산을 분석하고 연계하여 해당 리츠의 진정한 가치와 목표주가를 제시하는 경우도 찾아보기 힘들다. 혹자는 소위 '부동산 전문가'들이 이 역할을 충분히 해낼 수 있는 것 아니냐고 한다. 하지만 부동산 시장을 들여다보는 부동산 전문가와 '리츠 애널리스트'는 엄연히 다르다. 부동산 전문가는 특정 부동산의 상승률 또는 하락률 수치를 제시하지 않으며, 전망이 맞든 틀리든 그 결과가 꼬리표로 붙지 않는다. 하지만 리츠 애널리스트는 목표주가와 실제 주가의 흐름을 함께 공개하기에, 투자자 입장에서는 정보를 신뢰할 수 있는지 없는지를 판단할 근거가 된다. 이것이 바로 애널리스트의 순기능이다.

다시 말해, 국내 리츠는 기관투자자나 개인투자자에 필요한 금융 인프라가 아직은 제한적인 상황이기에 자칫 '깜깜이' 투자로 전락할 위험이 있다. 국내 리츠는 아직 태동기이므로 더 많은 정보수집과 분석이 선행되어야 할 것이다.

전략가는
해외 리츠에
투자한다

2019년 11월 25일 초판1쇄 발행
2019년 12월 25일 초판2쇄 발행

지은이 고병기·전래훈·유나무·이경자

펴낸이 권정희
펴낸곳 ㈜북스톤
주소 서울특별시 성동구 연무장7길 11, 8층
대표전화 02-6463-7000
팩스 02-6499-1706
이메일 info@book-stone.co.kr
출판등록 2015년 1월 2일 제2018-000078호

ISBN 979-11-87289-76-0 (03320)

이 책의 국립중앙도서관 출판예정도서목록(CIP)은 서지정보유통지원시스템 홈페이지(http://seoji.nl.go.kr)와 국가자료공동목록시스템(http://www.nl.go.kr/kolisnet)에서 이용하실 수 있습니다.(CIP제어번호: CIP2019045797)